Thomas Striebig

Herbstlügen

Verlag Die Blindschleiche

1. Auflage 2015
Covergestaltung: Michael Rusch
Coverbild: Thomas Striebig
Printed in USA, Charleston,SC

eBook: ISBN 978-3-945945-11-7
Taschenbuch: ISBN 978-3-945945-12-4

Der Autor

Thomas Striebig liest in der Kamminstube in Usingen

Thomas Striebig, geboren 1953 in Mannheim, studierte an der Universität seiner Geburtsstadt Germanistik, Geschichte und Klassische Philologie. Derzeit unterrichtet er an einem Gymnasium in Hessen. Einen Namen machte er sich zunächst mit mehreren Wanderführern über die Vogesen; zuletzt erschien der Rother-Wanderführer „Vogesen-Durchquerung", der mittlerweile ins Französische übersetzt worden ist und dessen zweite Auflage 2015 erscheinen wird.

In den letzten Jahren hat sich Striebig daneben in zunehmendem Maß den Gattungen Drama und Roman zugewendet. 2010 erschien sein Roman „Kleines Finale", 2011 „Ödipus der Große. Komödie in sechs Szenen nach Sophokles". 2014 folgten der Elsass-Krimi „Echsenfels" und der gemeinsam mit Michael Rusch verfasste Fantasy-Roman „Luzifers Krieg" (Band 2 der „Legende von Wasgo"); ein dritter Wasgo-Band ist derzeit in Arbeit.

Inhaltsverzeichnis

Schreck ohne Ende

Eine unglaubliche Geschichte

Für Sven Eschlbeck

Die Tragödie begann an einem wunderschönen Januarvormittag. In der Nacht hatte es geschneit und die Gärten hinter meinem Haus sahen aus, als seien sie hauchdünn überzuckert. Ich hatte es mir an meinem Schreibtisch bequem gemacht, neben mir eine große Kanne Leitungswasser (es gibt nichts Bekömmlicheres!) und eine Tüte Chips (Sonderangebot!), weil mein angeschlagener Magen so ungefähr jede zweite Stunde seinen Tribut fordert. Ohne ein bestimmtes Ziel surfte ich durchs Internet, überflog ein paar neue Facebook-Einträge und kommentierte Postings über Kakteenzucht, Museumspädagogik, die Ausbreitung einer chinesischen Flusskrebsart in deutschen Gewässern und den Krieg in Syrien. Die Vorbereitung meines Volkshochschulkurses morgen Abend (Tastaturschreiben für Anfänger) hatte alle Zeit der Welt. Kurz, ich freute mich meines Lebens, blinzelte in die strahlende Wintersonne und dachte an nichts Böses.

Auch noch nicht, als es an meiner Haustür läutete.

Es waren zwei kräftige Männer im Arbeitsanzug. Kerngesund aussehend, bestens gelaunt, mit strahlendem Lächeln in ihren offenen, einnehmenden Gesichtern. „Einen wunderschönen guten Morgen wünschen wir Ihnen, wir kommen von der Firma

Möbel-Schreck und bringen Ihnen die bestellte Schlafzimmereinrichtung.“
Schlafzimmereinrichtung? Ach, ja, richtig, lang, lang war's her. Vor einem Vierteljahr hatte ich bei Möbel-Schreck ein Bett und einen Schlafzimmerschrank bestellt, zum attraktiven Aktionspreis – jawohl, auch ich habe bessere Zeiten erlebt und damals konnte ich mir solche Anschaffungen noch leisten. Ein fröhlicher Brief von Ende November 2013 hatte angekündigt, dass ich um den 18. Dezember mit der Lieferung der Einrichtung rechnen könne, mit der mir die Firma Möbel-Schreck ganz viel Freude und besinnliche Weihnachtsfeiertage wünsche. Nun schrieben wir zwar den 9. Januar 2014, aber deshalb wollte ich nun doch keinen Streit mit den fröhlichen Lieferanten vom Zaun brechen, die im Schweiß ihres Angesichts die Möbel und eine ansehnliche Menge Schneematsch in meine Wohnung schleppten. Zumal ich gerade auf einer hochinteressanten Internetseite über die Dressur von Orakelfischen gelandet war.
Kaum waren sie weg (die Lieferanten, nicht die Orakelfische), dämmerte mir, dass mit dem Bett irgendetwas nicht stimmte, mir fiel nur nicht ein, was. So beschloss ich, positiv zu denken, und genehmigte mir zur Feier des Tages ein Glas billigen Rotwein (mehr gibt mein Budget derzeit nicht her, weil die von mir angebotenen VHS-Kurse „Luxusvillen im Wandel der Zeiten“ und „Einführung in die marxistische Philosophie“ nicht zustande gekommen waren). Am Abend zappte ich in aller Seelenruhe durch die Fernsehprogramme. Und schließlich begab ich mich voller Vorfreude auf meine neue Ruhestatt.

Mitten in der Nacht erwachte ich mit eiskalten Füßen – und nun wusste ich, was nicht in Ordnung war: Möbel-Schreck hatte mir ein viel zu kurzes Bett geliefert. Ich bin fast zwei Meter groß, das Bett maß aber höchstens einen Meter achtzig. Meine Gehwerkzeuge ragten in die Luft wie Fahnenstangen.
Um überhaupt wieder Schlaf zu finden, zog ich drei Paar dicke Wollsocken an.
Es half ja alles nichts: Gleich nach dem Frühstück am nächsten Morgen nahm ich meine ganze Energie zusammen, obwohl ich viel lieber die Heizung ganz aufdrehen und weiterschlafen wollte. Ich schrieb an Möbel-Schreck, wies höflich auf die Falschlieferung hin und bat um Ersatz. Als ich die Mail gerade verschicken wollte, stürzte mein altersschwacher PC ab und die Nachricht verschwand im Nirwana. Also Neustart und danach dasselbe noch einmal.
Den restlichen Tag nutzte ich zum Zusammenfügen meines Schrankbausatzes. Je weiter ich vorankam (natürlich nicht, ohne mir mit dem Hammer den Daumen blau zu hauen), desto nervöser wurde ich. Immer häufiger wanderten meine Blicke zwischen dem wachsenden Schrank und den verbleibenden Einzelteilen hin und her. Da stimmte doch schon wieder etwas nicht – oder? Schließlich war kein Zweifel mehr möglich: Eine Schranktür und die linke Seitenwand fehlten.
Und ich hatte geglaubt, es heute gemütlich angehen lassen und in aller Ruhe meinen Volkshochschulkurs vorbereiten zu können, jedenfalls besser als die letzten Kursabende, wo mir bei der Vorbereitung immer irgendetwas dazwischen gekommen

war!
Aber nein, wieder kam alles anders. Was blieb mir anderes übrig, als Möbel-Schreck anzurufen?
„Firma Möbel-Schreck, Zentrale, einen wunderschönen guten Tag, mein Name ist Freya Feileisen. Was kann ich für Sie tun?" – „Guten Tag, mir wurde gestern von zwei Lieferanten Ihrer Firma eine Schlafzimmereinrichtung geliefert, meine Rechnungsnummer lautet – " – „Einen Moment, bitte, ich verbinde!" – „Möbel-Schreck, Schlafzimmerabteilung, Elfriede Geis." – „Ja, es geht um mein Schlafzimmer ..." – „Sind Sie an unserem neuen Prospekt interessiert? Wir können ihn Ihnen unverbindlich und natürlich völlig kostenlos –" – „Nein, danke, es geht um Ihre gestrige Lieferung, Rechnungsnummer – " – „Oh, hähähähä, Augenblickchen, da muss ich Sie weiterverbinden!" – „Die Firma Möbel-Schreck, Gartenabteilung, halli-hallo!" – „Entschuldigung, ich glaube – also es geht um mein Schlafzimmer, da ..." – „Moment, da müssten Sie mit der Schlafzimmerabteilung sprechen, ich verbinde!" – „Möbel-Schreck, Schlafzimmerabteilung, Elfriede Geis!" – „Ich glaube, Sie haben mich gerade falsch verbunden, ich wollte doch ..." – „Ach, ja, hähähähä, stimmt. Ich versuche es noch mal. Bleiben Sie dran, alles wird gut!"
So ging es noch einige Zeit und ich freute mich, dass es heutzutage solche Errungenschaften wie eine Telefon-Flatrate gibt. Endlich sprach ich mit einem freundlichen Herrn aus der Kundendienstabteilung.
„***Was*** sagen Sie da? Das ist ja nicht zu fassen. Ihre Lieferung

war also ***tatsächlich*** unvollständig? Das tut mir jetzt aber wirklich ***außerordentlich*** leid, dass Sie nicht zufrieden waren, das passiert sonst so gut wie nie und gerade bei Ihnen … Ich kann es nicht fassen, das ist mir jetzt aber ***wirklich*** peinlich! Aber ich verspreche Ihnen, wir bringen das ***umgehend*** in Ordnung, Sie können sich ***ganz*** auf mich verlassen! Großes Indianer-Ehrenwort, hähähä! Und selbstverständlich, als kleine Wiedergutmachung für unser Versehen, lassen wir Ihnen einen Einkaufsgutschein zukommen, gerade haben wir wunderschöne, kuschelige Wohnzimmer-Sitzgarnituren für kalte Winterabende und hochwertige Gartenmöbel für das nächste Frühjahr im Angebot! Morgen, spätestens übermorgen kommt ein Herr bei Ihnen vorbei, einer unserer besten und zuverlässigsten Mitarbeiter, Sie können sich ***ganz*** auf ihn verlassen ...“

Das nächste Lebenszeichen von Möbel-Schreck erreichte mich einen knappen Monat später, Anfang Februar. Ein in überaus fröhlichem, freundlichem Ton gehaltenes Schreiben setzte mich davon in Kenntnis, dass ich mit der Lieferung der von mir bestellten Standuhr, Modell „Omas Stunde schlägt“, in den nächsten Tagen rechnen könne. Diesmal musste meine Arbeit an den Fotos vom Kinderfasching der katholischen Gemeinde St. Sigiswald zurückstehen. Verdammter Saftladen!

Dementsprechend geladen schrieb ich nicht ganz so freundlich zurück, ich hätte bei Möbel-Schreck keineswegs eine Standuhr bestellt. Und ich dächte nicht im Traum daran, dort überhaupt noch etwas zu bestellen, solange nicht die fehlenden Schrankteile und das richtige Bett geliefert seien. Was eine leere Drohung war, ich hätte mir bei meiner chronisch angespannten Finanzlage neue Anschaffungen sowieso nicht leisten können. Zum Schluss drückte ich so drastisch, wie es mir möglich war, meinen ganzen angestauten Unmut aus: „Ihre Firma wurde mir von Herrn Bürgermeister a. D. Prof. Dr. Hermann Raab, Herrn Walter Samstag, dem langjährigen Chefredakteur des 'Mannheimer Morgen', und anderen herausragenden Persönlichkeiten des öffentlichen Lebens empfohlen, aber wie Sie diesen vorzüglichen Ruf wahren wollen, könnte durchaus Ihr Geheimnis bleiben. Mit vorzüglicher Hochachtung!“ Ein bisschen Bluff konnte nicht schaden. Die würden meine Aussagen ja sicher nicht nachprüfen.

Taten sie tatsächlich nicht. Sie hatten Besseres zu tun. Das erfuhr ich acht Tage später. Da flatterte mir folgender Brief ins Haus:

„Sicher ist es nur ein Versehen, dass Sie die Rechnung Nr. 10-00-SOS-15/7 für die gelieferten Artikel 'Französisches Bett Süße Träume 1B Junior' und 'Kleiderschrank Rosa Geheimnis XXL' noch nicht beglichen haben.“ Man bat mich höflichst, dies innerhalb der nächsten vierzehn Tage nachzuholen, und dankte mir hierfür schon im Voraus auf das Herzlichste.

Es sollte einfach nicht sein. Ich kam nicht zur Ruhe. Meine Kaffeemaschine hatte den Geist aufgegeben, mein Fahrrad rostete zusammen, seit drei Tagen hatte ich Zahnschmerzen und jetzt auch noch das!

Ich griff wieder zum Telefon. Unter Aufbietung meiner letzten Reserven an Geduld kämpfte ich mich von der Zentrale über

Chef-Sekretariat, Camping-Abteilung, Erotikshop, Schlafzimmer-Abteilung, Direktion, Pförtner und Kundendienstbüro bis in die Kantine durch, wo ich den Laberheini aus dem Kundendienstbüro endlich antraf. Er versicherte mir mit unendlich vielen warmherzigen Worten, wie peinlich ihm dieser ganze Vorfall sei, der sich in dieser Form bei Möbel-Schreck zumindest seit Adenauers Rücktritt, wenn nicht gar seit der Schlacht von Waterloo noch nie ereignet habe. ***Selbstverständlich*** sei ich vor der vollständigen Lieferung in ***keinster*** Weise verpflichtet zu zahlen und solle doch ***bitte*** die Freundlichkeit haben, die Mahnung als völlig gegenstandslos anzusehen. Er werde umgehend ***alles*** tun, was in seinen Kräften stehe. Ich könne mich ***voll und ganz*** auf ihn verlassen. Und („äh, hähä, wir können ja offen reden, wir sind ja beide erwachsene Männer!“) ob ich als kleine Wiedergutmachung an einem Warengutschein interessiert sei, einzulösen im firmeneigenen Erotikshop beim Kauf einer Gummipuppe, Modell „Susilein sagt nie nein“?
Vierzehn Tage später lieferte Möbel-Schreck eine abscheuliche Standuhr, die man jeden Morgen neu stellen musste, weil sie ständig nachging. Aber Ende März – Fastnacht war längst vorbei, das permanente „Heile, heile, Gänschen“ verklungen, die Krokusse blickten neugierig in die große weite Welt, ich war um einen Backenzahn und ein paar Hoffnungen ärmer und in den Läden wurden die Schoko-Osterhasen knapp – zeigte sich endlich ein Silberstreif am Horizont. Und zwar in Gestalt eines überaus freundlichen Vertreters der Firma Möbel-Schreck, der sich die noch fehlenden Teile meines Kleiderschranks notierte,

das zu kurze Bett mit fachmännischem und zugleich von tiefem Weltschmerz erfülltem Blick begutachtete, drei Gläser meines elsässischen Vogelbeergeistes aus besseren Tagen trank und eine Menge seiner kostbaren Zeit opferte, um mir die wunderschönen Wohnzimmer-Einbauschränke seines Hauses schmackhaft zu machen. Um des lieben Friedens willen deutete ich an, eventuell einen neuen Wohnzimmertisch und eine Hollywoodschaukel für meinen vier Quadratmeter großen Balkon kaufen zu wollen, sobald die Sache mit dem Schrank und dem Bett aus der Welt sei. Dazu goss ich ihm einen vierten Vogelbeergeist ein. Mit einem nicht enden wollenden Schwall warmherziger Worte torkelte er zurück zu seinem Auto.

Ich konnte mich wieder meinen Bewerbungsschreiben widmen, soweit das in meinem fortgeschrittenen Alter überhaupt noch Sinn machte. Machte es natürlich nicht. Zumal mich bei meinem notorischen Glück selbst dann niemand einstellen würde, wenn ich achtzehn wäre und auf eine zwanzigjährige Berufserfahrung zurückblicken könnte.

Am 18. April – die erste Lieferung von Möbel-Schreck lag also bereits mehr als ein Vierteljahr zurück – besuchten mich zwei bestens gelaunte Lieferanten der Firma, offensichtlich Stammkunden eines Solariums, die mir gleich das Du anboten und doch tatsächlich auf meine Reklamationen eingingen. Mit schier grenzenloser Geduld hörten sie sich meine Leidensgeschichte an und sagten mir jede auch nur mögliche Unterstützung zu. Sie hatten sogar ein neues Bett und die fehlenden Schrankteile dabei und wünschten mir ganz viel Spaß mit der Qualitätsware

ihres Hauses. Bedauerlicherweise könnten sie die Standuhr nicht mitnehmen, auch das zu kleine Bett nicht; dafür seien sie nicht zuständig, und wenn sie ihre Kompetenzen überschritten, bekämen sie gewaltigen Ärger – das sei in einem international renommierten Möbelhaus nicht viel anders als, hähä, beim Finanzamt. Indes könne ich ganz beruhigt sein, das falsche Bett werde ein sehr netter Kollege in den nächsten Tagen abholen.
Längst hing mir die ganze Geschichte zum Hals heraus (ich hoffe, Ihnen nicht auch, hihi …). Und zudem: Was sollte ich tun? Zumal ich ohnehin von allen Seiten genervt wurde. Das Arbeitsamt mahnte an, ich solle an einer sinnlosen Fortbildung teilnehmen, mein Konto war hoffnungslos im Minus und den billigen Rotwein vertrug mein Magen auch nicht mehr, der verlangte gebieterisch nach dem aus besseren Zeiten vertrauten Châteauneuf-du-Pape. Und schließlich hatte ich begonnen, meine Kindheits- und Jugenderinnerungen zu schreiben – Arbeitstitel: „Pleiten, Pech und Pannen". Da brauchte ich nicht noch mehr Stress. Folglich stand das zu kleine Bett bis auf Weiteres in meinem Wohnzimmer, und zwar so, dass man nur noch mit einem gewagten Spagat zu meinem Sofa gelangen konnte. Und da es ja für irgendetwas gut sein musste, diente es als Ablage für schmutziges Geschirr, Bankauszüge und Werbeprospekte.
Als ich es mir genauer überlegte, stellte ich fest, dass ich über die neue Lieferung auch nicht so richtig glücklich sein konnte. Die Schranktür war einen halben Meter zu schmal und überall an meinem neuen Bett blätterte der Lack ab. Nun, immerhin

stimmte jetzt die Länge, es war sogar 20 Zentimeter zu lang, aber ein paar Zentimeter zuviel konnten ganz gewiss nicht schaden – nicht wahr, meine Herren? Hihi ... Auch mit der Tatsache, dass die Seitenwand meines nussbaumfarbenen Schranks weiß war, konnte ich ganz gut leben. Welche Frau traut sich denn noch in mein Schlafzimmer? Na, bitte.

Der Haken war nur, dass ich das Ganze immer noch zu bezahlen hatte, und zwar nicht zu knapp. Woher nehmen und nicht stehlen? Einziger Ausweg: Aussitzen, Zeit gewinnen! Also musste ich auf die neuerliche Falschlieferung hinweisen. Ich tat es eine Woche später per Einschreibebrief, als ich zwischen zwei Kapiteln meiner Lebenserinnerungen, zwischen der Schilderung eines saufenden Englischlehrers, der mich sitzen ließ, und der Geschichte eines besonders bekloppten Sportunfalls, etwas Zeit erübrigen konnte.

Eine Woche nachdem ich den Brief versandt hatte, traf die Antwort ein. Es war die zweite Mahnung.

Ich setzte mich einen Tag und eine halbe Nacht an meinen Schreibtisch, verfasste eine mehrere Seiten lange Dokumentation und legte auch die spärlichen schriftlichen Nachrichten von Möbel Schreck bei. Als ich den Brief zukleben wollte, fiel mir ein, dass ich lieber doch nicht die Originaldokumente mitschicken sollte. Kopieren? Aber der Kopierer meines PC war seit Monaten defekt! Also setzte ich mich in meinen uralten 2CV, stellte fest, dass der Tank leer war und ich mir neues Benzin nicht leisten konnte, und ging zu Fuß – eine Quälerei ohnegleichen bei meinen lädierten Bandscheiben – zum nächsten

Copyshop. Leider hatte der Betriebsferien und im zweiten, den ich ansteuerte, waren sämtliche Kopiergeräte defekt. Also fragte ich mich in mühsamer detektivischer Kleinarbeit in einen finsteren Hinterhof durch, wo ich einen weiteren Copyshop fand. Dort erwarb ich zu einem wahren Wucherpreis die gewünschten Kopien. Das Ganze schickte ich am nächsten Tag – diesen Nachmittag war unsere Postfiliale wegen einer gesetzlich vorgeschriebenen Mitarbeiterversammlung geschlossen – per Einschreiben an Möbel-Schreck.

Die Firma dachte sich offenbar, Schweigen sei Gold. Erst vier Wochen später, Pfingsten stand auch schon vor der Tür und mein letzter Volkshochschulkurs wurde vom neuen Leiter ersatz- und kommentarlos gestrichen, flatterte mir wieder ein Brief ins Haus:

„Da Sie bislang unserer wiederholten Aufforderung, die Lieferung vom 9. Januar dieses Jahres zu bezahlen, nicht nachgekommen sind, sehen wir uns zu unserem außerordentlichen Bedauern gezwungen, gerichtliche Schritte in Form der Beantragung einer Zwangsvollstreckung einzuleiten, wenn Sie nicht bis zum 12. Mai 2014 den Rechnungsbetrag in Höhe von € 998,87 zuzüglich der Mahngebühren in Höhe von € 79,-- auf das unten angegebene Konto überweisen.“

Da wir bereits den 26. Mai schrieben, wusste ich mir nicht anders zu helfen, als erneut bei Möbel-Schreck anzurufen und mich zu meinem Freund aus der Kundendienstabteilung durchstellen zu lassen, was mich bei meinem literarischen Großprojekt weiter in Verzug brachte. Der arme Mann geriet vor

Verlegenheit geradezu ins Stottern und konnte mir nicht oft genug versichern, wie ***peinlich*** ihm dieses unfassbare Versehen sei. ***Selbstverständlich*** werde er alles in seinen Kräften Stehende unternehmen, um die Angelegenheit umgehend zu regeln. Ich könne ***ganz*** beruhigt sein.

Eine Woche später stand eine grimmig blickende Gerichtsvollzieherin mit dem Gesichtsausdruck eines Nussknackers – Pardon: einer Nussknackerin – vor meiner Tür.

Wie erschlagen saß ich in meinem Wohnzimmer und heulte beinahe über das unfassbare Ausmaß meiner moralischen Verkommenheit. Eine Gerichtsvollzieherin in meiner Wohnung! Wenn sich das herumspräche, träfe meine Eltern der Schlag und meine einstige Deutschlehrerin, die mich eigentlich durchs Abitur hatte fallen lassen wollen und davon nur auf Fürsprache des steinalten Religionslehrers Dr. Geist (Spitzname: der Heilige Geist) Abstand genommen hatte, würde vermutlich sagen, etwas in dieser Art habe sie bei mir erwartet, seit sie mich in der 5. Klasse das erste Mal gesehen habe.

Die Gerichtsvollzieherin wahrte ein Mindestmaß gesellschaftlicher Konventionen und tat ihre Pflicht.

Als sie endlich das Haus verlassen hatte, erhob ich mich mit zitternden Knien und suchte überall in der Wohnung nach den ominösen Aufklebern.

Den Kuckuck fand ich an den beiden Betten, am Schlafzimmerschrank und an der Standuhr.

In den nächsten Tagen gehe ich – sobald mir meine Autorentätigkeit die Zeit für so profane Dinge lässt – in den Wald, um

ein paar Bäume zu fällen und mir nach all dem Ärger meine Schlafzimmereinrichtung selbst zusammenzuzimmern. Eine Hobbyfirma hat mir die Lieferung einer Motorsäge für morgen fest versprochen.
Das glauben Sie nicht? Sie glauben die ganze Geschichte nicht? Na, ich kann Ihnen sagen – in meinem Leben haben sich noch ganz andere Katastrophen ereignet! Warten Sie nur auf das Erscheinen meiner dreibändigen Lebenserinnerungen!

Im tiefsten Pfuhl des Lasters

Für den Schachclub Viernheim in alter Verbundenheit

Arbeit? Ich soll es zur Abwechslung mal mit Arbeit versuchen? Aber ich habe doch nichts gelernt! Soll ich vielleicht bei REWE Regale einräumen und von 450 € im Monat dahinvegetieren? Sehr witzig! Wo ich doch etwas anderes kann, zum Glück, etwas viel Besseres, etwas ungleich Gewinnträchtigeres! Arbeit! Du liebe Güte ...

Mit zitternden Händen, kalten Schweiß auf der Stirn, hastete ich durch das Frankfurter Bahnhofsviertel. „Spezial-Massagesalon Sodom & Gomorrha 1. Obergeschoss." Nichts für mich, weiter! „Bar Zur spätrömischen Dekadenz." Danke, kein Bedarf. „Hallo, Süßer, hast du's eilig? Komm doch mal rein!" Tut mir leid, Süße, ich hab's eilig, ich suche ... „You – fuck?" Was war denn das jetzt? Eine Asiatin unbestimmter Herkunft, ein halbes Kind, ganz sicher keine achtzehn – oder war es ein Er? Ich rannte das zerbrechliche Wesen fast über den Haufen, nichts wie weiter; nur halb im Unterbewusstsein nahm ich wahr, dass sie oder er mir schrill hinterherbrüllte: „Fuck you!" Aber da, da, das war's, jetzt hatte ich's gefunden, endlich, ich wäre sonst noch völlig übergeschnappt, nichts wie hinein, auch wenn die Spelunke von außen noch so finster aussah, dieses Loch, Treffpunkt der Frankfurter Unterwelt, da drin saßen sicher mehrere Jahrzehnte zusammen, mehrere Jahrzehnte Knast – aber das dreckig grüne Pappschild im kaputten Glaskasten neben der Tür, das

dreckig grüne Pappschild!
„Schach-Café!"
Ich wollte die Tür aufreißen – verschlossen. Verschlossen! Das gab's doch nicht! Dabei hatte ich doch … Ich raste, ich brüllte, ich randalierte, dass sich alle nach mir umdrehten („Wohl auf Entzug?", lachte einer – wenn der gewusst hätte!), ich zerrte wie ein Geisteskranker an der Tür, wieder und wieder, sollte das Scheißding doch aus den Angeln fliegen! Endlich schwere Schritte innen, man hörte sie trotz des Höllenspektakels auf der Straße, genauer, ich hörte ***nur*** diese Schritte – was kam da für ein Gorilla, schlug er mir gleich sämtliche Zähne aus? Aber ich musste doch …
Laut knarrend wie in alten Filmen öffnete sich die Tür.
„Losung?"
Mein Gott, wer war denn das da vor mir? Ein kaum 1,60 m großer Typ, aber breit, breit, fett – und diese Fischaugen, dieses Gesicht, dieses aufgedunsene Gesicht! Das war doch – das war doch – das gab es doch nicht, das war jetzt nicht wahr!
„Glotz nicht so blöd, du Landei! Losung!"
Woher um alles in der Welt sollte ich das jetzt wissen? Aber wofür war ich denn … ? Ich wagte einen Versuch:
„Läufer c2 schlägt h7 Schach."
Der kleine Dicke blickte mich durch seine kleinen, dicken Brillengläser an.
„Du hast es zwar nicht ganz genau getroffen, beim klassischen Läuferopfer auf h7 kommt der Läufer von d3. Aber gut, von c2 kann er auch kommen. Ich will mal nicht so sein. Komm rein.

Aber schnell, du Schwachmat, die gaffen doch schon alle nach dir!“
Jetzt wusste ich es: Ich kannte dieses Gesicht! Ich konnte es zuordnen! Das war – ganz klar, das war, der Name fiel mir nicht mehr ein, was sind schon Namen, aber vor fünfundzwanzig, dreißig Jahren, da gab es mal ein skandinavisches Wunderkind, aus Schweden oder Finnland, was weiß ich, spielt doch keine Rolle – und der war wie ein Komet aufgestiegen, hatte die gesamte Schach-Weltspitze in Grund und Boden gespielt wie Anfänger, hatte mit sechzehn Bobby Fischer mit einem zwanzig Züge weit berechneten Damenopfer und Karpow in einem gigantischen Springerendspiel geschlagen und alle die anderen auch – und nach ein paar Jahren war er plötzlich weg. Weg vom Fenster. In der Versenkung verschwunden. Kein Hahn krähte mehr nach ihm. Und jetzt hier …
„Los, los! Ich mache heute keine Autogrammstunde! Rein mit dir! Deshalb bist du doch da – Mr. Pokerface!“
Wollte der mich verarschen? Aber egal. Rein in die Gaststube, durch düstere Gänge, eine steile Kellertreppe hinunter, auf der ich fast ausgerutscht wäre. Und dann sah ich ihn.
Ihn.
Den Raum, in dem Schach gespielt wurde.
Da saßen sie. Die Spieler. Die Zocker. Die Groß- und Kleinmeister. Die Groß-, Dick- und Breitmeister. An den Wänden Porträts einiger einstiger Schachweltmeister, dazu ein paar Grafiken von Schachpartien, die Geschichte gemacht haben wie nicht einmal Winston Churchill oder Franz Beckenbauer. Ich

erkannte sofort die Schlussstellung der dreizehnten Weltmeisterschaftspartie Fischer – Spasskji, Reykjavik 1972, und die Ausgangsstellung der grandiosen Kombination der Partie Bogoljubow – Aljechin, Hastings 1922, und war schon ziemlich stolz auf mich. Von wegen Landei!
Kein Wort wurde gesprochen, kein Wort. Schweigen wie bei einer Beerdigung – ach, Quatsch, bei einer Beerdigung herrscht Schweigen wie bei einem Schachturnier! Nur die Schachuhren tickten und klickten. Alle schauten hoch konzentriert auf ihre Stellungen. Keiner beachtete mich.
Keiner?
Doch, da stand plötzlich einer vor mir. Was war das für ein Typ? Uninteressant! Flüsterte:
„No, auch hier gälandet? Spielen wir Partiechen? Ich gäbe dir auch Bauer und Zug vor!“
Oh, weh, was war das für ein Mensch? Ein Tscheche? Sicher einen halben Kopf größer als ich, sicher 120 Kilo Lebendgewicht, aber nicht fett wie das einstige Wunderkind, das mich hereingelassen hatte, sondern eher ein altersloser Bodybuilder, kantige Visage, kahl rasierter Schädel, Zuhältertyp ... Jetzt nur ja nicht die Nerven verlieren, gaaaanz ruhig bleiben! Nicht die Nerven verlieren! Wie beim Schach! Und vor allem: Unter keinen Umständen reizen, unter keinen Umständen widersprechen, in allem Recht geben, in allem …
Wortlos nahm ich an einem freien Tisch Platz.
„Fienfzig?“, flüsterte er und legte einen Schein auf den Tisch.
Ich tat dasselbe.

Er zog die Uhr auf und los ging's. Und wie es losging! Endlich, endlich konnte ich wieder loslegen! Konnte diesen Halbwelt-größen vorführen, was ich draufhatte! Wer war ich denn? Gleich mal zeigen, wo der Hammer hängt! Angreifen, als gäbe es kein Morgen, und – na, bitte, in Nullkommanichts lag seine Stellung in Trümmern. In Schutt und Asche. Als sei eine Elefantenherde darüber hinweggetrampelt, hätte Aljechin gesagt. Dann mal her mit den Fünfzigern! Hoffentlich machte dieser Tscheche – oder was auch immer er war, wen interessierte das! – keinen Ärger!
„Nicht schlächt, wirklich nicht schlächt! Glickwunsch! Rävanche?“ Jetzt legte er einen Hunderter auf den Tisch. Aber sicher doch! Leicht verdientes Geld!
„Ich krieg' noch eine Cola“, rief plötzlich ein alter Mann in die Stille hinein. „Noch eine Cola! Hallo, ihr Leute, ich krieg' noch eine Cola! Hallo, Wirtschaft!“
„Schschschsch!!“, zischte es aus allen Richtungen.
„Stär dich nicht an däm! Der schreit immär so, wänn stäht gut! Kommt zum Glick nicht so oft vor!“
Dann ran an den Speck! Aber was war jetzt das? Lernte er so schnell dazu? Ich kam kaum zur Entfaltung. Ruhig bleiben, nachdenken, ich hatte ja fünf Minuten Bedenkzeit für die Partie, genau wie er. Da – da – jetzt war er mir doch in die Falle gegangen, der alte Fuchs hatte sich in seiner eigenen Schlinge gefangen. Ich schnappte mir einen Springer. Erledigt! Hundert Euro reicher! Aber warum gab er denn die Partie nicht auf? Stattdessen holte er aus wie zu einem Keulenschlag, machte einen Zug – Dame futsch, Turm futsch, alles futsch! Er hatte gewon-

nen! Ja, wie in drei Teufels Namen hatte er das jetzt angestellt? Er verzog keine Miene.
„Neie Partie? Zweihundärt?"
Aber ja doch, ja! Der sollte mich kennenlernen! Diesmal wollte ich von vorneherein wieder angreifen, der sollte erst gar nicht zu seinen fiesen Tricks kommen …
Aber zweihundert? Hm, wenn ich die auch noch verlor, musste ich per Autostopp nach Hause fahren. Mein Geld reichte dann nicht mal mehr für ein Spar-Menü bei McDonald's. Nichts da, der sollte mich kennenlernen, dieser überdimensionale Schwejk-Verschnitt!
Und sieh an, es sah gar nicht so übel aus. Diesmal sollte es doch wieder klappen! Es ging um 200 Euro! In Worten: zweihundert! Fast ein halber Monatslohn von REWE. Ruhig bleiben, ruhig nachdenken! Wenn nur …
Plötzlich Riesengeschrei. Zwei Spieler waren aneinandergeraten, der eine versuchte dem anderen klarzumachen, dass ihre Partie remis sei, da nahm sein Gegner das Schachbrett und drosch es ihm über den Schädel.
„Gibbt jätzt bald Ruhä da hinten? Odär muss nachhälfen?"
Ein paar Worte des Tschechen genügten. Aber meine Uhr! Um Himmels willen, meine Uhr! Ich hatte ja kaum noch Bedenkzeit! Keine Minute mehr! Ja, hatte denn jemand von diesen Banditen die Uhr manipuliert? Zuzutrauen wäre es dieser Mörderbande. Und jetzt? Jetzt saß ich in der Tinte …
„Tut mir laid, Zeit ist abgälaufen! Schadä", seine Stimme drückte doch tatsächlich so etwas wie Mitgefühl aus, „wirklich

schadä, Ställung war gar nicht iebel, hast gut gäspielt, nur bisschen langsam, klaines bisschen langsam … Rävanche? Vierhundärt?“

„Vierhundert! Aber ich ...“

„Värstähe, Gäld ist alle! Aber kain Probläm, main Fraind, gäbe dir Krädit! Ährensache! Gleich fienftausend?“

„Gut, fünftausend!“

Es musste klappen, es musste! Ich musste jetzt zwei, drei Spiele gewinnen, sonst kam ich nicht lebend aus dieser Räuberhöhle heraus. Der Tscheche legte ein paar Scheine auf den Tisch, dazu einen Schuldschein, ich unterschrieb, ohne groß hinzuschauen, wozu auch, dann konnte es wieder losgehen. Aber was war in diesen Kerl gefahren? Der spielte ja plötzlich wie ein Großmeister! Und meine Zeit raste davon, ich kam nicht zum Nachdenken – keine Chance! Keine Chance!

„Achthundärt?“

„Kann ich mal eben kurz auf die Toilette?“

„Värstähe“, grinste er breit, „du hast värloren, weil hast missen gähen auf Toilette. Wie sagt Meister Blackburne? In ganzen Läben ich habe nie gäwonnen gägen gäsunden Spieler! Aber mach schnäll!“

Mist – die Fensterläden waren vergittert. Grundsolide. Obendrein überflüssig. Durch diese Klofensterchen hätte auch ohne Gitter höchstens ein fünfjähriges Kind schlüpfen können.

Noch ein Versuch. Ich wankte mit zitternden Knien zum Wirt. Wenn das jetzt auch nicht klappte, dann – dann – dann Gnade mir Gott!

„Gibt es hier irgendwo eine Telefonzelle?“
„Telefonzelle? Was bist'n du für einer? Haste kein Handy?“
„Doch, aber mein Akku ist leer.“ Das stimmte sogar. Nur dass mir ein voller Akku auch nichts genützt hätte. Für ein Guthaben auf dem Handy reichte mein bisschen Geld nun wirklich nicht.
„Hier ist das Telefon. Aber quatsche nicht bis in alle Ewigkeit!“
Wieder nichts. Wenigstens noch die Komödie zu Ende spielen. Ich wählte die erstbeste Nummer. Eine verschlafene Stimme meldete sich. „Hallo, Paps“, stotterte ich in den Hörer, „ich wollte dir nur sagen, dass es ein bisschen später wird. Ihr braucht nicht auf mich zu warten, geht schon mal schlafen! Tschüss, bis dann!“
„No, wo wohnt dein Paps? In Altärsheim, no?“ Der Tscheche stand hinter mir und grinste noch breiter. „Mächtest wohl abhauen, no? Pass auf, Fraindchen ...“
Mein Herz rutschte noch tiefer. Mein Gott, ich war doch schon über vierzig und das sah man mir wohl so langsam an ...
Da – plötzlich ein gellender Schrei des Wirts von der Kellertreppe: „Die Bullen! Die Bullen!“ Wie von der Tarantel gestochen sprangen die Schachspieler auf, Tische und Stühle wurden umgerissen und polterten durcheinander, Schachfiguren kullerten über den Boden und alle Spieler rannten, was sie konnten, zu einem versteckten zweiten Ausgang. Ich war einer der Letzten – zu spät! Eine starke Hand packte mich und riss mich zurück.
„Na, wen haben wir denn da? Wohin so eilig? Noch dazu mit dem vielen Geld?“

Klar. Bei meinem notorischen Glück war das mal wieder klar. Natürlich erwischten sie gerade mich. Nicht diese Gangster, diese Mafiosi, diese Zuhälter, Mörder und Drogendealer, sondern mich. Und da meine Stärke nun einmal mehr auf geistigem als auf körperlichem Gebiet liegt, hatte ich keine Chance. Eisern hielt er mich fest.
In den Knast! Das fehlte mir gerade noch. Und egal, ob im Knast oder draußen – diese Glücksspielmafia erwischte mich. Nur eine Frage der Zeit! Die fanden mich überall, darauf konnte ich Gift nehmen. Keinen Pfifferling war mein Leben mehr wert, keinen Pfifferling. Dass ich aber auch immer so ein Pech haben musste!
Im Haus musste es eine wilde Schlägerei geben. Das Gebrüll und Gepolter war ohrenbetäubend.
„Schön hiergeblieben, Freundchen! Wir haben ja noch so viel zu erzählen! Bei uns kannst du dir alles von der Seele reden, kleiner Moritz! Und wir haben ja so viel Zeit!"
Plötzlich auch hier unten Riesenlärm, Riesenchaos. Ein paar Typen – waren es Schachspieler? – stürmten zurück in unseren Raum. Einer stolperte über einen umgestürzten Tisch, griff mit den Händen in die Luft und erwischte dabei den Polizisten, der mich festhielt. Der ließ mich einen Augenblick los – meine Chance! Ich raste los, sprang mit einem großen Satz über ein paar Stühle hinweg, rannte zum zweiten Ausgang, eine Treppe hinauf – fast schon schnappte ich nach Luft, ich bin doch kein Leistungssportler! Hinter mir Gebrüll und Fluchen. Aber ich erreichte den Ausgang – ein Polizist stand dort, griff ins Leere –

frei! Ich war frei! Wenn ich nur … Und ich rannte wie noch nie im Leben, rannte, rannte – und konnte entkommen.

Zu Hause startete ich augenblicklich meinen PC und studierte die Flugverbindungen nach Paraguay und Ecuador.

Und ich nahm mir eisern vor, künftig nur noch „Mensch, ärgere dich nicht“ zu spielen.

Die kleine Stadt will schlafen geh‘n

Für Sebastian Fießler

Fragen Sie! Bitte fragen Sie! Egal, wen. Irgendjemanden halt, der mich kennt. Wie der zu mir steht, spielt überhaupt keine Rolle. Das glauben Sie nicht? Probieren Sie's aus, fragen Sie! Ich garantiere Ihnen: Sie werden von allen dieselbe Antwort bekommen. Nämlich, dass ich ein absolut umgänglicher, friedfertiger Mensch bin, der mit sich und mit Gott und der Welt in schönster Harmonie lebt. Und der niemandem etwas tut. Keiner Fliege. Doch, einer Fliege manchmal schon. Und Spinnen, denen vor allem. Und Blattläusen natürlich auch, die braucht ja kein Mensch. Aber sonst ...
Es gibt allerdings ein klitzekleines Aber. Ich liebe meinen Schlaf. Ich brauchc mcincn Schlaf. Man sagt, ältcrc Menschen bräuchten nicht mehr viel Schlaf – mag sein, kann ich mir aber nicht vorstellen. Ist ja auch egal. Ich bin ein junger Mann, ein ***sehr*** junger Mann, um präzise zu sein, voll in Saft und Kraft, selbstverständlich knackig, athletisch, Germany's toppest Topmodel – folglich brauche ich meinen Schlaf. Und wenn mich beim Schlafen jemand stört, wenn mich beim Schlafen jemand stört, dann, dann … Was glauben Sie, was dann passiert!? Ich kann Ihnen sagen …
Aber zu meiner Geschichte.

Die Mitternacht zog näher schon;
in stummer Ruh lag Babylon.

Nein, stimmt nicht. Erstens wohne ich nicht im alten, sündigen Babylon, wozu auch!? Sondern in einer tugendhaften südwestdeutschen Kleinstadt, katholisch-bodenständig, traditionsbewusst und zugleich der Zukunft zugewandt. Zweitens war in der milden Frühherbstnacht, um die es hier geht, die Geisterstunde auch schon vorüber. Ich lag in meinem Bett und schlief den Schlaf des Gerechten. Und was passierte? Ganz richtig, war ja auch nicht schwer zu erraten: Ich wurde geweckt!
Das alleine wäre schon schlimm genug gewesen. Aber:
Ich wurde durch menschliche Stimmen geweckt!
Was hätten Sie an meiner Stelle gemacht? Ehrlich! Na, bitte! Also ich konnte da auch nicht einfach so zur Tages- oder vielmehr Nachtordnung übergehen, mich umdrehen und sanft weiterschlummern. Unmöglich! Ich war nun einmal wach und in heiligem Zorn. Wozu, verdammt noch mal, dieser Radau da draußen zu nachtschlafender Zeit?
Und nun hörte ich deutlich, was die beiden sagten. Genauer: Nur der eine redete. Laberte.
„Eines steht fest: So wie bisher kann es nicht weitergehen."
Das stimmte. So konnte es nicht weitergehen. Diesen Spinnern musste jemand die Meinung geigen. Ich stand auf und tappte zum Fenster.
„Unsere Regierung mit ihren Einheitsparteien schläfert das Volk ein. Die verkaufen alle Leute für dumm und machen ihnen vor:

Seid ruhig, genießt euer Leben, sauft euer Bier, bis ihr euch blöd gesoffen habt, wir da oben machen das schon! Und dabei wird alles immer ungerechter, die klauen dem kleinen Mann das letzte Hemd weg! Das letzte Hemd, sag' ich dir! Und den Großen, denen geben sie immer noch mehr und noch mehr ..."
Ich bekam große Lust, dem Ruhestörer etwas ganz anderes zu geben, zum Beispiel einen saftigen Kinnhaken. Jetzt konnte ich ihn auch sehen, zumindest schemenhaft, vielleicht 20 oder 30 Meter von meinem Haus entfernt und im Schein der letzten funktionierenden Straßenlaterne – die anderen beiden in unserer Straße haben schon vor längerer Zeit ihren Geist aufgegeben. Umso besser, wozu brauche ich nachts Licht, wenn ich schlafen will!
Gebetsmühlenartig redete und gestikulierte er, während sein Begleiter vor einer Stellwand für Wahlplakate stand und vermutlich Leim darauf pinselte. Welche Partei wollten die denn da anpreisen, mitten in der Nacht? Klar, so, wie er redete, konnte es nur die Linke sein. Heute kam wirklich eines zum anderen.
„Haut die Roten auf die Pfoten!", schrie ich zu den beiden hinüber. „Könnt ihr roten Socken denn nicht wenigstens nachts Ruhe geben? Euch Pack sollte man doch – – –!!"
„Aber Sie müssen doch selbst einsehen", setzte der Sprecher von Neuem an, „dass ..."
„Wenn ihr verbrecherische Stasi-Spitzel und Heckenschützen nicht etwas ganz Wichtiges einseht, etwas ganz Elementares, das eigentlich selbst der größte Trottel kapieren müsste,

nämlich, dass nachts Ruhe zu sein hat, dann komme ich runter und helfe euch! Jetzt seht zu, dass ihr Land gewinnt, oder ich lasse meinen Pitbull los!“ Den ich natürlich nicht hatte. Aber wie heißt es so schön beim Schach? „Die Drohung ist stärker als die Ausführung!“

Meine Worte zeigten Wirkung – eine für die beiden Plakatheinis höchst unerfreuliche Wirkung. Ein Fenster in der Nachbarschaft wurde aufgerissen, gleich darauf ein zweites, ein drittes. „Recht hat der Mann! Haltet am besten ganz einfach eure Klappe! Klebt in drei Teufels Namen euren Fetzen an und dann haut ab! Aber dalli!“ Diese Worte kamen von Herzen, genauer, von dem des Elektrikers Ramon Schott und in diesem Augenblick nahm ihm niemand mehr etwas übel, weder seine Unzuverlässigkeit beim Einhalten von Terminen noch seine überhöhten Preise. Wo der Mann recht hatte, hatte er recht!

„Wenn ihr glaubt, dass hier jemand euren gottlosen Haufen wählt, seid ihr sowieso auf dem Holzweg – wetten, dass?“ rief Oma Lüttgers von gegenüber. Selbst ihr platzte der Kragen. Dabei ist sie sonst wirklich die Gutherzigkeit in Person, solange man die Tabaksteuer nicht erhöht.

„Ihr Dreckspatzen, euch sollte man die Flausen austreiben, und zwar ganz gehörig! Dass so was wie ihr überhaupt frei rumlaufen darf! Gleich rufe ich die Polizei! Also früher ...“ Selbst der schwerhörige pensionierte Oberstudiendirektor Dr. Richter war von dem Krawall wach geworden.

„Was heißt hier Dreckspatzen?“, brüllte der, der vorher seine Wahlkampfrede geübt hatte. „Dies ist ein freies Land, auch

wenn es solchen reaktionären Arschlöchern wie Ihnen gegen den Strich geht! Und in einem freien Land ..."
Ein lauter Knall unterbrach seine Unverschämtheiten abrupt. Frau Froschauer, sonst dumm wie Bohnenstroh, hatte ***einmal*** im Leben das Richtige getan. Ihr Blumentopf verfehlte ihn nur um einen Meter und knallte auf das Pflaster. Für eine alte Säuferin, deren Fenster direkt oberhalb der Plakatwand im zweiten Obergeschoss lag, kein so übler Wert.
Mehr schlecht als recht hing das jämmerliche Plakat da. Sicher wurde es bald von irgendwelchen Schmierereien verunziert, das war bei der aufgeheizten Stimmung in unserer Straße absehbar. Gesundes Volksempfinden! Ich sage da nur: gesundes Volksempfinden!
Ein wenig unterhielt ich mich noch mit den Nachbarn, das heißt, wir schimpften über die Ruhestörer. Um präzise zu sein: Herr Dr. Richter verstand uns in seiner Schwerhörigkeit falsch und schimpfte derweil über die argentinische Fußball-Nationalmannschaft.
Als wir uns gerade eine gute Nacht wünschten, zeigte Herr Schott in die Richtung, in der die zwei Störenfriede verschwunden waren.
„Pst! Schauen Sie mal! Da hinten ..."
Tatsächlich tasteten sich zwei Nachtschwärmer durch das Dunkel. Was wollten ***die*** denn nun schon wieder? Als sie in vielleicht 200 Metern Entfernung das Haus eines übel beleumundeten Rechtsanwalts passierten, fing dessen steinalter Dackel an, wild zu kläffen, und als die zwei vor der Plakatwand haltmachten,

hatte sich der Hund immer noch nicht beruhigt.
Mit Recht! Denn ganz klar war zu erkennen: Einer der beiden Waldschrate – im Schummerlicht sahen sie tatsächlich so aus – schleppte ein Wahlplakat, der andere einen Eimer. Ja, schliefen denn diese komischen Vögel überhaupt nie? Hatten diese Faulenzer und Sozialschmarotzer tagsüber nichts zu arbeiten?
Wir alle hielten den Atem an. Das Licht hatte sowieso niemand von uns angeschaltet, um keine Insekten anzulocken. So lauerten wir in unseren pechschwarzen Fensterhöhlen wie Racheengel. Wie Todesengel. Aus dem Fenster von Oma Lüttgers stieg Zigarettenrauch auf, aber den sah man nur, wenn man genau hinschaute. Sollten die zwei Typen doch ruhig denken, sie seien unbeobachtet!
Und da! Da!! Da!!!
„Sag mal, wie machen wir unseren Wählern denn die Idee von einem deutschlandweiten Vegetariertag pro Monat schmackhaft?“
Eine Frau! Auch das noch!
„Indem wir alle zu einem leckeren Vollwertmenü einladen“, antwortete ihr männlicher Begleiter. „Oder lade die komplette CDU dazu ein! Deinen köstlichen Karottenkuchen gönne ich unseren geliebten politischen Gegnern von ganzem Herzen!“
Gekicher, dann: „Du bist ein unverbesserlicher Macho! Chauvi! Frauenfeind! Aber klar, du bist ja auch schwul! Wohl aus lauter Frauenfeindlichkeit schwul geworden, wie?“
„Keine Diskriminierung von Minderheiten, wenn ich bitten darf! Du meinst wohl, bloß weil ihr Frauen in der Mehrheit seid,

kannst du dir alles erlauben?"
Wieder Gekicher. Aber damit war es gleich vorbei. Denn jetzt kam – zuweilen gibt es doch eine höhere Gerechtigkeit! – der Vollmond hinter den Wolken hervor und strahlte mit seinem fahlen Licht eine riesengroße Sonnenblume auf dem Plakat an. Die Grünen! Die hatten uns hier gerade noch gefehlt.
Entsprechend fiel die Reaktion aus.
„Ihr Schweine solltet euch was schämen!", rief Oma Lüttgers. „Veranstaltet mitten auf der Straße euren Schweinkram und macht hier einen Krach wie – wie – " Der wackeren Frau versagte die Stimme vor Entrüstung.
„Wollen alles verbieten und gönnen uns nicht die kleinste Freude im Leben, so ist das, exakt so!", brüllte Herr Schott.
„Öko-Faschistenpack! Versager! Neidhammel!", grölte es über mir. Sieh an, jetzt war sogar mein Nachbar, der es schon in der vierten Partei nacheinander zum Ortsverbands-Vorsitzenden gebracht hatte, wach geworden.
„Und ich sage Ihnen", ließ sich Herr Dr. Richter hören, „mit unserem Land geht es bergab! Rapide bergab! Solange so was wie dieses verlotterte Gesocks frei rumläuft ..."
Allmählich ebbte der Lärm ab. Wir alle mussten in unserer gerechten Empörung tief durchatmen. Die beiden Grünen schwiegen peinlich berührt, entsetzt, beschämt – egal, Hauptsache, sie schwiegen. Und so hörten wir etwas anderes, direkt über ihnen: ein recht vernehmbares Sägen. Frau Froschauer schlief am Fenster ihren Rausch aus, um einen nahtlosen Übergang zum nächsten zu ermöglichen.

Endlich klatschte der Mann das Plakat gegen die Stellwand. In einer Mischung aus Wut und Frust? Konnten diese verlotterten Gestalten denn nicht einfach verschwinden und die Welt in Frieden lassen?
Als sie gehen wollten, höhnte mein Nachbar über mir, der Politiker: „Wenn ihr ein Problem mit uns habt, könnt ihr ja eine Lichterkette organisieren!“
War es eine plötzliche Eingebung? Ich donnerte ihnen hinterher: „Freier Schlaf für freie Bürger!“
Das Gelächter über diese unübertrefflich geistreiche Pointe war noch nicht verhallt, da wies Herrn Schotts resoluter Zeigefinger, neue Gefahr ausmachend, einmal mehr unerbittlich die Straße entlang.
Richtig, ganz richtig: Gemessenen Schrittes nahten schon wieder zwei dunkle Gestalten. Muss ich erwähnen, dass auch sie ein Wahlplakat dabei hatten? Als der Mond wieder einen Blick hinter den Wolken hervorwarf, erkannten wir ganz deutlich – na, wen wohl? Unsere Bundeskanzlerin. Unsere allseits geachtete, geschätzte, hochverehrte Bundeskanzlerin. Diese Nacht ließ wirklich nichts aus.
„Jetzt kommen auch noch die vermaledeiten Schwarzen!“, knurrte Herr Schott.
„Diese Verbrecher haben schon wieder nicht die Renten erhöht“, krächzte Oma Lüttgers zwischen zwei Anfällen ihres Raucherhustens.
„Eine Frau in einem politischen Amt – das geht nie gut. Nie, sage ich Ihnen! Armes Deutschland!“, bellte Herr Dr. Richter.

„Eine Frau ohne Eigenschaften, ohne Prinzipien, ohne klare Linie, ohne Konturen“, schimpfte mein politisierender Nachbar, der mit den vier Parteien.
Frau Froschauer ließ das alles kalt. Ihr Schnarchen war laut und gleichmäßig.
Als die beiden näherkamen, verstummten unsere Stimmen. Mit angehaltenem Atem und blutdürstig wie Vampire lauerten wir in der schwarzen Nacht, bereit, bei der erstbesten Gelegenheit über das Lumpenpack da unten vor der Plakatwand herzufallen wie das wilde Heer.
Eine unheilschwangere Stille lag über unserer Straße, ein grässliches Gewitter braute sich über den Köpfen der beiden Christdemokraten und Merkelianer zusammen. Ein Gewitter, das umso grauenhafter werden musste, weil die zwei nur mit ihrem Plakat, genauer, eben gerade mit dem Aufpinseln von Leim beschäftigt waren und an nichts Böses dachten. ***Ein*** falsches Wort von euch da unten, dachte wohl jeder, ein einziges falsches Wörtchen – und das Volk steht auf, der Sturm bricht los!
Auf einmal zerriss ein markerschütterndes metallisches Klirren die Stille. Einer der beiden bückte sich, ihm war wohl ein Schlüsselbund aus der Tasche gefallen.
„Pst, mach doch keinen solchen Krach!“, zischte der andere. „Du weckst ja die ganze Stadt auf! Lass doch die Leute schlafen!“
Was???
Was hatte der Schwarze da gerade gesagt?

Wir alle glaubten, nicht recht gehört zu haben. Täuschten wir uns? Hatten wir Halluzinationen?Waren wir übermüdet und zugleich überreizt? Perplex blickten wir uns an.
Nein, kein Zweifel war möglich.
Der da unten hatte gesagt, nein, geflüstert, rücksichtsvoll geflüstert, um nur ja niemanden zu stören: „Lass doch die Leute schlafen!"
Und alle, alle hatten es gehört! Nun, gut, fast alle. Herr Dr. Richter eher nicht. Aber den Sinn, den Sinn hatte auch er verstanden!
„Lass doch die Leute schlafen!"
„Na, wer sagt's denn!", rief Herr Schott. „Die wissen noch, was sich gehört! Hut ab! Ich sage: Hut ab! Das sind bestimmt Handwerker! Gutes, altes, ehrbares deutsches Handwerk! Überhaupt: Die guten alten preußischen Tugenden! Wie oft sind die schon totgesagt worden! Aber hier, in dieser Partei ..."
„Dass ich das noch erleben darf auf meine alten Tage", rief Oma Lüttgers zu Tränen gerührt. „Da sieht man eben doch noch die christlichen Wurzeln, Politik hin oder her!"
„Einen großen Politiker erkennt man daran, dass er den Willen des Volkes wahrnimmt und berücksichtigt und zugleich unbeirrbar seinen Weg geht zum Wohle des Ganzen, angesichts dessen das Wohl des Einzelnen zweitrangig bleiben muss", dozierte Herr Dr. Richter. „Das ist angewandtes Christentum, das ist christlich-abendländischer Konservatismus!"
Natürlich, ging es mir durch den Kopf, Angela Merkel ist ja auch die Tochter eines Pfarrers. Wenngleich eines evangeli-

schen, logischerweise. Aber man ist ja aufgeschlossen. Heutzutage. Und ich überlegte, ob ich vielleicht mal wieder in die Kirche gehen sollte. Es musste ja nicht gerade die Frühmesse sein.

Aus einer Eingebung heraus gedachte ich ein paar Pluspunkte bei meinen Nachbarn zu sammeln. Ich rezitierte: „Das Alte bewahren, sich dem Neuen nicht verschließen – das ist Tradition."

„Das stammt bestimmt von Kohl", sagte Herr Schott.

„Nein, von Thomas Mann!"

„Also ich hätte jetzt auf Kohl gewettet. So wie der konnte doch sonst niemand die Dinge auf den Punkt bringen! Auch nicht Ihr – wie hieß er gleich wieder?"

„Ich wechsle die Partei! Ich trete in die CDU ein!", rief mein Nachbar.

„Ihre wievielte Partei ist das denn", konnte ich mein notorisch freches Mundwerk nicht zügeln. „Die fünfte?"

„Die richtige, die endgültige! Jetzt habe ich endlich meine politische Heimat gefunden, nach so vielen Irrungen und Wirrungen! Und he, ihr da unten, wenn ihr einen neuen Ortsverbands-Vorsitzenden braucht – Seiler ist mein Name, Seiler, ihr kennt mich doch, ihr ***müsst*** mich kennen!"

„Die Männer sind in Ordnung!", rief Herr Schott. „Opfern ihre Nachtruhe im Interesse ihrer Partei! Wer solche Parteimitglieder hat, ist in Ordnung. Keine Diskussion! Dass es so einen Idealismus noch gibt! In dieser egoistischen Zeit! In dieser materialistischen Zeit!"

„In dieser gottlosen Zeit!“, echote Oma Lüttgers.
Dazwischen ertönte ein bewunderndes Grummeln und Knurren. Frau Froschauer war aufgewacht.
„Also ich finde“, Herrn Dr. Richters Stimme kam jetzt von der Straße, „so viel Idealismus muss belohnt werden. Da, Männer – trinkt einen Schlehengeist! Der ist besonders gut, nur allerbeste Zutaten, aber euch zu Ehren mache ich ihn jetzt auf! Wohlsein, Kameraden, Wohlsein – und lasst mir auch noch was übrig!“
Gläserklirren, Zuprosten.
„Jungs, nehmt, ihr habt's verdient!“ Oma Lüttgers war hinzugeeilt und nötigte die beiden, einen halben Käsekuchen anzunehmen. Wie ich den trotz der Dunkelheit erkannte? Na, seit zehn Jahren hat Oma Lüttgers meines Wissens nie etwas anderes gebacken als Käsekuchen und schon so ziemlich jeden in unserer Straße damit beglückt. Die Meinungen über ihre Backkünste gehen übrigens gewaltig auseinander. Aber sonst ist sie wirklich eine überaus gutherzige Dame und das bewies sie in diesem Augenblick. Und ja, jetzt reckte und streckte die alte, gebeugte Frau sich auch noch nach oben (wie symbolträchtig!) und hauchte jedem der beiden ein Küsschen auf die Wange! Bedurfte es da noch weiterer Beweise über die Wertschätzung der politischen Arbeit dieser uneigennützigen ehrenamtlichen Helfer? Die ihre eigenen Belange und, jawohl, sogar ihre Nachtruhe zurückstellten, um dem großen Ganzen zu dienen? Ich sage: zu dienen, auch wenn dieser Ausdruck altmodisch geworden sein mag!
Die Beifallsbekundungen nahmen kein Ende. Keiner wollte

darin hinter dem Nachbarn zurückstehen. Begleitet von donnerndem Applaus verließen die beiden Idealisten die Walstatt, still, bescheiden, wie sie gekommen waren.
In dieser Nacht ist eine Entscheidung von geradezu historischem Ausmaß über die politische Zukunft unserer kleinen Stadt gefallen. Und sagen Sie bloß nicht, dass Sie das jetzt überrascht!

Notturno oder Thomas Mann und der Einbrecher

Für Tobias Mertz

Zuweilen scheint die allgütige Natur ein Taktgefühl zu besitzen, das dem Menschen unserer Tage längst abhanden gekommen ist. Es ist, als verfüge das unermessliche Firmament selbst über ein Gespür für die Erhabenheit der Stimmung eines winzigen Erdenbewohners, beispielsweise, wenn dieser sich auf den Heimweg in seine kleine, aber überaus behaglich eingerichtete Wohnung in einem noch ziemlich neuen Zweifamilienhaus begibt, noch voll der Eindrücke, die das eben Erlebte so unauslöschlich in ihn gepflanzt hat, unauslöschlich jedenfalls bis zum nächsten profanen Brief einer Behörde oder Versicherung, die nur dem schnöden Mammon huldigt. Bis dahin jedoch darf man ungestört in höheren Sphären schweben, hat vielleicht auf dem Heimweg, ohne sich um die befremdeten Blicke einiger verspäteter Passanten zu kümmern, ein fröhliches Lied auf den Lippen, summt völlig unbekümmert sein „Dim-da-da-dida“ vor sich hin, während der Mond, schon zu drei Vierteln gefüllt, von einem wolkenlosen, zu dieser Stunde noch nicht von Nebelschwaden verschleierten Frühherbsthimmel herab die Erde in sein wohltemperiertes Licht taucht und das kundige Auge, unlängst mit einer neuen, hochmodernen Gleitsichtbrille hochgerüstet, zahllose Sterne und sogar die ferne Milchstraße wahrzunehmen vermag.

In dergestalt euphorisierter Stimmung schlenderte ich unlängst nach Hause, von einem literarischen Dämmerschoppen für Senioren kommend und, wie bereits hinlänglich erwähnt, voll der Eindrücke. Voll der in diesem Fall wahrhaft unauslöschlichen Eindrücke, die die gemeinsame Lektüre der brillanten Erzählung „Herr und Hund“ von Thomas Mann, speziell deren erstes Kapitel mit der so vielsagenden Überschrift „Er kommt um die Ecke“, in jedem hinterlassen muss, ich sage, ***muss***, der noch nicht dem nivellierenden Zeitgeist und der von gewissen Kreisen nur zu bereitwillig forcierten Verdummungstendenz anheimgefallen ist. Der noch der deutschen Sprache mit all ihren Nuancierungen mächtig ist, dessen diesbezügliche Fertigkeiten noch über ansonsten längst zum Maß aller Dinge gewordene Äußerungen in der Art von „Ey, Alter, willst du Ärger? Kannst du haben!“ hinausgehen.

So näherte ich mich, immer wieder mein „Dim-da-da-dida“ vor mich hinsummend, meiner Haustür, auf dem Weg dorthin im hellen Mondlicht bereits den passenden Schlüssel suchend, als ich jäh aus meiner besinnlichen, ich möchte sagen, meditativen Stimmung gerissen wurde.

Zunächst durch völlig unartikuliertes Gebrüll. Ja, jemand, zweifelsfrei ein Mindergebildeter, brüllte, was er konnte, unablässig. Bei Bauschan, war der denn betrunken? Oder einfach infolge des Konsums neuzeitlicher Medien im letzten Stadium des Verfalls seiner ohnedies spärlichen geistigen Kräfte angelangt?

Und jetzt erkannte ich auch die Stimme, wiewohl sie durch das Gebrüll entstellt war. Es war der alte Herr Wilhelm Grauner –

man zögert, ihn als Herrn zu artikulieren, aber es schickt sich nun einmal und somit wollen wir es denn so halten. Dieser Herr Wilhelm Grauner war wahrlich nicht eben jemand, dessen Gesellschaft der im traditionellen Sinn kultivierte Mensch gemeinhin sucht. Er war, nennen wir die Dinge ruhig unverblümt beim Namen, ganz einfach dumm, so hoffnungslos dumm, dass einem hierfür die Worte fehlen. Seine einzige geistige Leistung bestand in dem seichten Kalauer, der wichtigste Buchstabe des Alphabets sei das R – man solle sich doch einmal den Namen Grauner ohne R vorstellen! Aber sonst redete er tagaus, tagein hanebüchenen Unsinn, wenn er nicht sogar in bösartigster Weise irgendwelche Streitereien vom Zaun brach. Und ausgerechnet dieses grobe, rohe Organ musste ich jetzt vernehmen, da ich eben noch in den Sphären der virtuosen Erzählung über Thomas Manns Hühnerhund-Mischling Bauschan schwebte!
Es nahm in der Tat Wunder: Wilhelm Grauner brüllte! Brüllte am späten Abend, brüllte in einem fort. Was blieb somit einem Menschen mit noch intakter humaner Orientierung anderes, als sich nach der Ursache dieses unsäglichen Benehmens zu erkundigen, das ja immerhin auch durch etwas Ernstes verursacht sein konnte?
Die Tür zu seinem recht schäbigen Häuschen, das er seit dem Tod seiner Frau alleine bewohnte, stand weit offen, was mich zusätzlich befremdete, und so überwand ich mich und trat ein, unerachtet meines geradezu physischen Schmerzes, am Ende eines literarischen Dämmerschoppens mit einer unermesslichen Fülle hoher Gedanken und dem wunderbaren „Dim-da-da-dida“

auf dem Heimweg noch brutaler auf den Boden der Tatsachen zurückgeholt zu werden, als es sogar das Finanzamt vermocht hätte.

Während ich mich durch den finsteren, wie erwartet nicht eben ordentlichen Flur vorwärtstastete, verstummte das unartikulierte Geschrei und Geplärre unvermittelt, freilich nur, um kaum artikulierterem wildem Geschimpfe das Feld zu überlassen.

„Ein Einbrecher! Da, gucken Sie, ein Einbrecher!“

„Nicht möglich ...“ Ich erkannte die Stimme eines anderen Nachbarn, des Buchhändlers Kohler.

„Frech wie Hundedreck, ich sage Ihnen ...“

„Wie ist denn der hier überhaupt reingekommen?“

„Durch die Tür, die war offen … Einfach so!“

„Ich fasse es nicht!“

„Da war er, genau da, der Dreckskerl, und da habe ich ...“

„***Der*** wollte bei Ihnen einbrechen?“

„Ich sage Ihnen ...“

„***Der*** wollte wirklich hier einbrechen? Ja, was wollte er denn gerade bei ***Ihnen***?“

„Der dreckige Zigeuner! Und da habe ich ihn ...“

„Sie haben aber Mut, Herr Grauner! Sie haben ihn einfach so – ?“

„Der Verbrecher, der Sauhund, der elende, der asoziale! Einsperren sollte man den! Einsperren! Jeden Tag grün und blau prügeln! Und nie mehr rauslassen!“

Ich kam um die Ecke (da hat man noch Thomas Manns Vornehmheit im Kopf und in der Seele und muss miterleben, wie all

das in Sekundenschnelle förmlich in den Kot gezogen wird) und sah die beiden. Richtiger: die drei. Der alte Herr Grauner (nun, der war sicher jünger als ich, aber er ließ sich eben gehen und da altert man vor der Zeit) stand mitten in seinem Wohnzimmer oder vielmehr in dem Raum, den er mit einiger Verwegenheit als solches bezeichnete. Mit hochrotem, knochigem, ausgesprochen bäuerlichem Kopf, der an einen Totenschädel gemahnte, und wild gestikulierend, in der rechten Hand eine Bierflasche, in der linken eine seiner widerwärtigen billigen Zigarren haltend, die er in der Erregung hatte ausgehen lassen. Auf einen der beiden steinalten Sessel hatte sich Kohler regelrecht gelümmelt, fett, feist, zurückgelehnt, entspannt, mit fast fröhlich, ja, schelmisch blitzenden Augen. Und in der Ecke kauerte der Einbrecher auf dem Fußboden, ein vielleicht sechzehnjähriges Kerlchen, zusammengesunken in seinem Elend und seiner Verkommenheit, leichenblass, völlig apathisch wirkend und unsäglich stinkend. Stand er unter Schock – oder hatte er alles Erdenkliche in seinen Körper gepumpt? Seine verschmutzte Kleidung ließ immerhin erahnen, dass er gewissermaßen aus besserem Haus stammte. Und jetzt dies! Was wohl Thomas Mann dazu –? Aber unversehens zögerte ich, in diesem Augenblick an Thomas Mann zu denken. Der hätte sich womöglich unterstanden, dem schmächtigen Bürschchen einen schmachtenden Liebesbrief zu schreiben! Hüllen wir den Mantel des Schweigens darüber – auch die größten Geister haben ihre kleinen menschlichen Schwächen.
„Und diesen kräftigen jungen Kerl haben Sie einfach –?“

„Klar habe ich den ..."
„Mit bloßen Händen?"
„Am Kragen gepackt – und ihm links und rechts eine gelatscht – und ..."
„Mit bloßen Händen!?"
„Wenn der mir blöd gekommen wäre – ich glaube, ich wäre imstande gewesen ..."
„Aber wenn er ..."
„Dem habe ich gezeigt, wo der Bartel den Most holt, dem Halbstarken, dem verlotterten, das können Sie mir glauben!"
„Also wenn er ein Messer ... Man liest doch heutzutage alles Mögliche ... Und, Herr Grauner, lieber Herr Grauner, stellen Sie sich mal vor, ich bitte Sie um alles in der Welt, stellen Sie sich doch mal vor ..."
Sollte das jetzt geistreich und ironisch sein? Wenigstens hatte dieser unsägliche Kohler ausnahmsweise seinen hinterhältigen, ständig kläffenden Spitz Rambo IV. nicht dabei. Als dessen Vorgänger Rambo III. das Zeitliche gesegnet hatte, hatte Kohler – Gipfelpunkt der Geschmacklosigkeit – eine Sterbeanzeige in der Zeitung aufgegeben und darauf bestanden, dass sie auf dem Kopf gedruckt wurde! Und dafür hatte er, wie man munkelte, der Zeitung das Doppelte des gewöhnlichen Preises bezahlt.
„Na, hier geht's aber lustig zu! Und so spät noch!"
In der Türöffnung erschien die imponierende Gestalt Frau Kauffmanns. Thomas Mann hätte sie vermutlich folgendermaßen eingeführt:
Frau Kauffmann, vor kurzem siebzig geworden, aber immer

noch mit fast faltenlosem, nur ganz leicht gerötetem Gesicht gelassene, in sich ruhende Würde ausstrahlend, nahm vorsichtig auf einem nicht ganz vertrauenerweckenden Sessel des kleinen Herrn Grauner Platz, wobei sie sich beim Setzen mit einer vollendet noblen Geste auf der schäbigen Armlehne abstützte, um den schon etwas üppigeren Genuss eines guten Bordeaux oder Barolo nicht zu offensichtlich werden zu lassen.
Gut, der große Thomas Mann durfte sich solcher Ironie hingeben, wiewohl er zuweilen von skandalöser Direktheit war. Aber das bedeutete noch lange nicht, dass ich mich auch zu einer solchen Darstellung versteigen durfte.
Denn ganz klar: Die alte Dame, Patrizierin vom Scheitel bis zur Sohle, nötigte Respekt ab.
„Herr Grauner", sagte sie, „Sie sind ja völlig außer sich! Wer ist denn dieser etwas derangierte junge Mann da? Wollen Sie ihm denn keinen Sessel anbieten?"
Ihre Stimme schien noch eine Nuance tiefer zu sein als sonst.
„Glauben Sie mir, Frau Kauffmann ..."
„Sie glauben es nicht, Frau Kauffmann ..."
Erregt schwirrten die beiden Stimmen durcheinander, ein Duett der gröbsten Kakophonie.
„Wenn der Scheißkerl …" Die alte Patrizierin zuckte sichtbar zusammen.
„Nicht auszudenken!"
„Klauen wollte der! Mir alles unter dem Arsch wegklauen, was nicht niet- und nagelfest ist!"
Ein Schwall Zigarettenrauch erfüllte mit einem Mal den Raum.

„Guten Abend, Herr Grauner, guten Abend allerseits, habe die Ehre, gnädige Frau, ich bin nur ganz zufällig hier vorbeigekommen, bitte keine falschen Rückschlüsse ziehen, nicht dass Sie zu laut waren, aber da habe ich mir einfach gedacht ...“

„Ah, Herr Anwalt“, rief der Buchhändler Kohler dem alten Notar Brinkmann entgegen, „da können Sie gleich mal diesen armen Sünder da über seine Rechte aufklären. Falls Sie meinen, dass ein Anwalt diesem Lümmel überhaupt noch helfen kann.“

„Einen Anwalt soll der auch noch kriegen!“, tobte Grauner dergestalt, dass man wirklich Angst um das Herz dieses kleinen Proletariers bekommen konnte. „Und eine geheizte Zelle! Und gutes Essen! Und Freigang, damit er gerade so weitermachen kann! Und alles auf Kosten der Steuerzahler! Nein, nicht mal das: Zwanzig oder dreißig Stunden Tierschutzverein, das bekommt er! Und ein bisschen Dudu vom Jugendrichter! Ich sag's ja, ich sag's ja ...“

„Herr Grauner, so beruhigen Sie sich doch! Haben Sie denn schon die Polizei gerufen?“, fragte Brinkmann. Bei jedem Wort versprühte er, wie üblich, ein bisschen Spucke in seine Umgebung.

„Die ***Polizei***? Die ***Polizei*** soll ich rufen?“

„Und vielleicht einen Notarzt?“, schlug Frau Kauffmann vor. „Der ist doch so blass! Nicht dass er uns noch kollaboriert! Sollte man ihm nicht vielleicht etwas zu trinken anbieten?“

„Dem brauchen Sie nichts zu trinken anzubieten“, grinste Kohler, „getrunken hat der mehr, als ihm gut tut. Und –“, raunte er mir zu, „wenn sich der Brinkmann neben jemanden setzt,

dann hat dieser Jemand sowieso immer was zu trinken im Glas!“
Ich war mir sicher, ihn nie zu derlei Vertraulichkeiten ermutigt zu haben, und dementsprechend befremdet.
„Der ist doch nur sturzbesoffen, wofür braucht der einen Notarzt! Und die Polizei? Die spielt bei solchen verlotterten Dreckskerlen nur Bullentaxi, das weiß doch jeder! Gucken Sie sich den doch mal an! Umbringen wollte der mich, umbringen! Kaltblütig umbringen! Wie man eine Fliege totschlägt, so wollte der mich … Wenn ich nicht ...“ Immer lauter brüllte Grauner (den „Herrn“ spare ich mir jetzt wirklich) und zuletzt schnappte ihm die Stimme gänzlich über.
„Ja“, feixte der Buchhändler, „der hielt Herrn Grauner ein riesiges Maschinengewehr unter die Nase, das war doppelt so groß wie er selbst, man fragte sich, wohin eigentlich das große Maschinengewehr mit dem kleinen Einbrecher wollte ...“
„Umbringen wollte der mich! Wenn ich nicht … Also Sie glauben es nicht! Ich muss jetzt ...“ Grauner riss einen Schrank auf, wobei gleich zwei Weingläser herausfielen und auf dem Boden zerschellten, und zog eine halbvolle Schnapsflasche hervor. Und ausnahmsweise sei mir auch einmal ein nicht ganz adäquater Kalauer erlaubt: Grauner hätte die Schnapsflasche wohl eher als halbleer bezeichnet.
„Auch einen?“
Nur Frau Kauffmann sagte nicht nein.
„Na, sowas! Wir waren gerade auf dem Heimweg von einer überaus wichtigen Besprechung mit den Herren vom Bauausschuss des Stadtrats, na, eine ***Dame*** von den Grünen ist ja seit

der letzten Wahl auch dabei, es ging um die geplante Generalrenovierung der Stadthalle, die die Stadt uns wie erwartet übertragen hat, es gab ja keine auch nur halbwegs akzeptable Alternative zu unserem großzügigen Angebot, und jetzt haben wir Stimmen gehört und gedacht ..."
Frau Heinrich stand in der Tür, gefolgt von ihrem Ehegatten, dem Malermeister Heinrich. Einfache, ja, vierschrötige Leute, denen ihr mächtig expandierender Malereibetrieb viel Geld eingebracht hatte – man kennt diesen Menschenschlag. Die wahren Mächtigen unseres kranken Zeitalters, die ihr Proletariertum mühsam hinter teuren Kleidern und noch teurerem Schmuck verbergen.
Wildes Stimmengewirr.
„Umbringen wollte der mich, der Dreckskerl!"
„Stellen Sie sich bloß mal vor ..."
„Mit einem Küchenmesser – mit einem riesigen Küchenmesser ..."
„Beinahe! Ich bitte Sie, ich bitte Sie um alles in der Welt! Beinahe! Um ***ein*** Haar ..."
„Einsperren sollte man so einen! Und verdreschen, dass er nicht mehr weiß, wie er heißt! Dreimal am Tag verdreschen!"
„Vor oder nach den Mahlzeiten? Zu Risiken und Nebenwirkungen ..."
„Jetzt glotz nicht so blöd, du Verbrecher, sonst haue ich dir gleich noch ein paar runter, aber so, wie du's noch nie erlebt hast!" Der apathische Jugendliche ließ nicht erkennen, ob er Grauner überhaupt verstand.

„So abgebrüht schon in so jungen Jahren!“, lästerte Kohler.
„Könnten Sie mir vielleicht noch mal – aber wirklich nur noch einen ganz kleinen Schluck, Herr Grauner?“, fragte Frau Kauffmann leicht verschämt.
Mit zitternden Händen hielt sie dem Alten das Glas hin, mit zitternden Händen schenkte er ihr nach. Ein Teil des Schnapses tropfte auf den Boden.
„Was diese Typen sich heute rausnehmen!“
„Unglaublich!“
„Also das wäre früher ...“
Herr Heinrich pflanzte sich vor dem Einbrecher auf.
„Jetzt halt hier keine Maula – äh, ach, Herrgottsdunnerwedder noch emol, isch glaab, du brauchscht noch e baar hinner die Leffel, Klääner! Und guck net so dabbisch wie e Auto, wann isch mit der redd!“
Der Einbrecher reagierte kaum.
„Sag mal, redet mein Mann vielleicht Chinesisch?“
„Sie hat es beinahe erraten“, grinste Kohler und ich ertappte mich dabei, dass ich gleichfalls grinsen musste.
„Guten Abend!“
Wir fuhren herum. Zwei Streifenpolizisten kamen herein. Ja, wer hatte ***die*** denn gerufen? Von uns niemand. Wobei – eigentlich wäre es vielleicht doch angebracht gewesen …
„Was ist denn los bei Ihnen? Gibt es Streit? Wir haben laute Stimmen gehört, als wir hier zufällig vorbeikamen, und da wollten wir mal nachsehen – entschuldigen Sie unser Eindringen, die Tür stand offen ...“

Wildes Durcheinanderreden. Schreien. Brüllen. Grölen.
„Beinahe – beinahe ...“
„Der wollte mich umbringen, der Gangster, der asoziale! Abmurksen, ohne mit der Wimper zu zucken!“
„Man traut sich nicht mehr aus dem Haus heutzutage!“
„Stellen Sie sich doch bloß mal vor, wenn ...“
„Der junge Mann sieht aber wirklich etwas derangiert aus, finden Sie nicht? Ob man ihm nicht doch am besten mal was zu trinken –?“
„Geht es um diesen jungen Mann da?“, fragte der Polizist.
„Mann? Soweit kommt es noch, dass wir diesen Rotzlöffel Mann nennen!“, brüllte Grauner. „Schauen Sie sich den doch bloß mal an! Links und rechts habe ich dem eine gelatscht!“
„Ich hoffe doch für Sie, Sie haben das nur im Affekt getan“, sagte der Polizist.
„Was war das cbcn? Was?? Sic sind mcin Anwalt! IIörcn Sic, Herr Brinkmann, Sie sind mein Anwalt! So weit kommt's noch, dass ich jetzt auch noch einen Anwalt brauche, das hat man nun davon ...“
„Und Sie, Herr Grauner“, mahnte Brinkmann, „sagen jetzt am besten erst mal überhaupt nichts mehr!“
Frau Kauffmann bediente sich mittlerweile selbst.
„Ich denke, wir – jetzt, also, dürfte ich um etwas Ruhe bitten, damit wir ... So beruhigen Sie sich doch, damit wir die Personalien ...“
„Der Mörder, der hinterhältige!“
„Einen Orden hat er verdient, unser Herr Grauner! Eine

Tapferkeitsmedaille! Und das Bundesverdienstkreuz! Überreicht vom Dalai Lama höchstpersönlich!“ Man schämte sich wegen dieses Buchhändlers wirklich in Grund und Boden. Dass ein erwachsener Mann nicht ein einziges Mal ernst sein konnte! Ernst ist das Leben, heiter ist die Kunst! Aber in unserer Zeit des allgemeinen Werteverfalls ...
Ich hielt mich heraus. Am liebsten hätte ich mich höflich verabschiedet. Nur: Wie?
„Ich denke, die Personalien können wir auch draußen aufnehmen“, sagte der Polizist. „Na, dann komm mal! Kannst du alleine aufstehen? Brauchst du Hilfe?“
„Soll ich Ihnen mal sagen, was dieser Halbstarke für eine Hilfe braucht?“, kreischte Grauner wieder los.
„Sie sollen doch nichts sagen! Glauben Sie mir, das ist jetzt wirklich das Beste!“
„Besoffen ist er! Sturzbesoffen!“, sagte Kohler. „Und in seiner Besoffenheit hat er unserem Herrn Grauner mit einem riesigen Maschinengewehr unter der Nase herumgefuchtelt, das er kaum halten konnte. Ich sage Ihnen: Der hätte mit seinem Maschinengewehr aus zehn Metern Entfernung nicht einmal den Mond getroffen! Und als er Ihre Uniformen gesehen hat, hat er seine Knarre mir nichts dir nichts unter Herrn Grauners Teppich verschwinden lassen, mitsamt seinem riesigen Küchenmesser, Sie brauchen nur zu suchen – ich sage Ihnen, so einer ist das ...“
Frau Kauffmann war wohl zu angetrunken und die anderen waren zu erregt, um Kohler eine passende Antwort zu geben.
„Die Personalien von Ihnen bräuchten wir auf alle Fälle.

Vielleicht ist es besser, wenn wir morgen – in aller Ruhe ...“
„Na, und wir werden dann verhört und bekommen einen Haufen Ärger!“, ereiferte sich Frau Heinrich. „Wo sind wir denn hier? Ich glaube, wir sollten das mal mit dem Herrn Bürgermeister ... Jürgen, sag doch auch was!“
„Net zu glaawe is des!“, sagte dieser gehorsam. Und nach einer kurzen Pause noch: „Die junge Kerle wolle halt ääfach nix mehr schaffe – do kumme se dann uff so bleedsinnische Idee!“
„Meine Herren Wachtmeister“, plusterte sich jetzt der Anwalt auf, „so einfach geht das hier nicht. Sie platzen nachts in eine Wohnung, verletzen, nur beiläufig erwähnt, eines der elementarsten Grundrechte der Bundesrepublik Deutschland, erheben die abenteuerlichsten und hanebüchensten Beschuldigungen – also erstens wüsste ich gerne Ihre Namen und zweitens möchte ich zuerst mit meinem Mandanten alleine sprechen!“
„Aber das können Sie doch gleich!“, sagte der zweite Polizist, der bisher geschwiegen hatte. „Wenn wir Ihre Personalien aufgenommen haben, gehen wir. Und Ihren Einbrecher nehmen wir gleich mit. Ach, so, mein Name ist Schmitz, mein Kollege heißt Sommer.“
„Komm jetzt – wie heißt du eigentlich?“, fragte Wachtmeister Sommer beinahe väterlich und nahm den Einbrecher am Arm, um ihm auf die Beine zu helfen.
„Jean-Pierre ...“, flüsterte oder lallte der. Man verstand ihn kaum, den Zunamen schon gar nicht. Wie ein nasser Sack hing der Bursche jetzt am Arm des Polizisten.
„Übrigens, was ich noch fragen wollte“, sagte Sommer, „was

wollte er hier denn überhaupt stehlen?"
Wildes Stimmenchaos. Aber Grauner überbrüllte alle anderen.
„Was der klauen wollte? Was der klauen wollte, der Einbrecher, der Gauner, der Mörder, der Terrorist? Ja, ist denn das die Möglichkeit? Was der klauen wollte? Glauben Sie, der ist zum Spaß hier rein? Um in meinem schönen Wohnzimmer zu sitzen, mein Bier wegzusaufen und Fußball zu gucken?"
Aber zugegeben: So ganz abwegig war Sommers Frage nicht – in Erwägung von Grauners Hausrat oder, besser, Gerümpel. Der Schnaps war auch beinahe alle.
„Kumm du mer mol zwische die Finger, do kannscht was erlewe, des sach isch der im Guude! Dir bresch isch sämtlische Kneschelscher, du Stromer, du linker!", stieß der Malermeister Heinrich in ohnmächtigem Zorn hervor.
„Das möchte ich jetzt aber lieber nicht gehört haben", sagte der Polizist Schmitz.
„Klar", keifte Frau Heinrich, „so einer bricht ein, will jemanden kaltblütig abknallen und der unbescholtene Bürger bekommt dann wieder den ganzen Ärger! So ist das heutzutage! Ich verspreche Ihnen, das wird Konsequenzen ..."
„Komm jetzt, Jean-Pierre, ganz ruhig! Wir gehen", sagte Sommer und nahm den Einbrecher am Arm. Er musste ihn fast tragen, der Hänfling hätte keinen Schritt alleine machen können.
„Wie verständnisvoll! Wie edel!", säuselte der Rechtsanwalt Brinkmann.
„Sturzbetrunken! In diesem Alter!", sagte der Buchhändler Kohler mit einem anzüglichen Blick auf Frau Kauffmann.

„Komm, Jean-Pierre, komm jetzt erst mal raus, da reden wir in Ruhe – und Sie geben Ihre Personalien bitte meinem Kollegen Schmitz, damit wir ...“
Kollege Schmitz zückte mit einem säuerlichen Blick seinen Notizblock.
„Nichts als Scherereien, nichts als Scherereien!“
„Ich sage Ihnen – wenn ich nicht so resolut – also dieser Kerl, dieser Verbrecher … Ich bin total ausgetrocknet! Total ausgetrocknet!“
„Die schlagen einen heute doch wegen ein paar Euro tot!“
„Ach, Gott, nää, des is net zu glaawe ...“
„Herr Brinkmann, Sie sind mein Anwalt!“
„Nein, meiner! Ich war zuerst da!“
„Also ich sage Ihnen ...“
„Beinahe – beinahe – – –!!“
Drei, vier, fünf weitere Nachbarn traten ein. Es wurde immer enger. Und immer lauter. Immer hitziger. Und die Luft wurde immer stickiger.
Ich aber entsann mich eines nur zu treffenden Reims:

> Die Muse wandelt in edler Ruh'
> Vorbei und hält sich die Nase zu.

Man registrierte nicht einmal, dass ich mich zurückzog.
Und so verließ ich den Ort des unappetitlichen Geschehens, während hinter mir das Stimmgewirr immer weiter anschwoll; tief atmete ich unter dem fahlen, nunmehr bereits etwas nebel-

verhangenen Dreiviertelmond durch, nicht ohne Grauners immerhin leidlich gepflegten Vorgarten zu registrieren: Auch wenn auf dem erstaunlich ausgedehnten Rasen – im Mondlicht deutlich sichtbar – einige Löwenzahnpflanzen und, man brauchte nur recht hinzusehen, in der hintersten Ecke ein Maulwurfshügel die Harmonie nicht unempfindlich beeinträchtigten, so ergab sich doch das Bild eines friedlichen kleinbürgerlichen Gärtchens, das, mit den bescheidenen, wiewohl etwas unzulänglichen Mitteln seines Besitzers sorgsam gepflegt, gleichwohl eine Zierde darstellte, an deren Anblick man sich letztlich doch immer wieder gerne erfreute.

Im Nebel

Wieso ist dieser Nebel bloß so ekelhaft schmutzig gelb?
Durch das klägliche Licht der alten Laternen? Aber es sind ja gar keine da! Oder doch? Von irgendwo muss das Schummerlicht schließlich kommen! Ja, aber woher denn?
Man sieht kaum einige Meter weit. Nicht einmal bis zur anderen Straßenseite. Pechschwarze Häuser. Wie lauernde Ungetüme, zum Sprung geduckt. Ohne Licht, nicht ein einziges Fenster beleuchtet. Wenn überhaupt Fenster da sind und nicht nur schwarze Mauern. Wer weiß das schon!
Rumms!
Schon wieder ein Fußgänger, der gegen mich rennt. Kein Wunder, wenn er mich erst zwei Schritte vorher sieht! Wieder mal Glück gehabt! Nur nicht ausrutschen auf dem glitschigen Pflaster!
Meine Schlüssel! Ich darf die Schlüssel nicht verlieren! Sind sie noch –? Puh, Glück gehabt, da sind sie. Das hätte gerade noch gefehlt.
Acht Schlüssel. Da sind die drei für die Schlösser an der Haustür, die jeden Einbrecher abhalten sollten. Nach menschlichem Ermessen. Obwohl ... Dann die zwei für die Wohnungtür – oder ist der eine der Kellerschlüssel? Man kann sie so schlecht unterscheiden …
Na, werden schon noch alle da sein ...
Ja, wo bin ich denn eigentlich? Straßennamen! Hier müsste es doch Straßennamen geben! Mal schauen – da kommt eine

Kreuzung. Da müsste doch – ups, beinahe. Beinahe wäre ich gegen einen Schildermast gerannt.
Was steht da? Brahmsstraße? Oder – warum verschwimmt mir denn die Schrift vor den Augen? Was ist mit meinen Augen? Das heißt doch nicht Brahmsstraße? Das heißt … Nein, ganz klar, hier steht „Kanonenweg“! Aber – aber – Kanonenweg? Ich kenne doch keinen Kanonenweg!
Einfach mal jemanden … ? Klar! Tolle Idee! Soll ich vielleicht zum Erstbesten sagen: „Entschuldigen Sie bitte, ich habe keine Ahnung, wo ich bin, woher ich komme, wohin ich will, könnten Sie mir vielleicht …?“ Auf jeden Fall, ganz bestimmt! Die lachen sich doch kaputt! Oder halten mich für besoffen. Oder bekifft. Oder irre. Oder – nicht auszudenken. Nicht auszudenken!
Besoffen! Bekifft! Ich und besoffen! Oder gar bekifft! Wer mich kennt, also wer mich ***wirklich*** kennt …
Ja, aber …
Ich muss doch irgendwie … Gut, also Kanonenweg. Oder doch Brahmsstraße? Warum sehe ich so schlecht? Ich weiß nur: Da ist eine Straßenkreuzung. Wenn ich da jetzt rübergehe, sollte ich doch drüben, auf der anderen Straßenseite … Die ich vor lauter Nebel wieder nicht sehe … Aber geradeaus, einen Schritt vor den anderen setzen, immer geradeaus, nur ja nicht im Kreis gehen, ein Hut, ein Stock, ein Re – gen – schirm und eins und zwei und – ah, da ist endlich die andere Straßenseite. Ein paar Schritte nach links, dann wieder rechts ab. Schon merkwürdig, dass man immer nach rechts abdriftet, wenn man ohne

Orientierung geht! Wieder mal Glück gehabt!
Wenn mich dieses Glück nur mal nicht im Stich lässt, gerade dann, wenn ich es am allernötigsten brauche ...
Wieder ein Schild.
Was steht da? Was??
Hä???
Wie soll das jetzt heißen? Blücher – Blücher – Blücherblumengraben? Hä? Was ist denn das für ein Name?
Meine Schlüssel – ein Glück, alle noch da.
Aber verdammt noch mal, ich muss doch …
Wie bin ich hierher gekommen? Wie? Jetzt mal ganz systematisch denken! Konzentrieren, verdammt, konzentrieren! Auch wenn mir vor Schmerzen fast der Schädel platzt. Aber es hilft doch nichts! Wie – bin – ich – hier – her –??
Nebel, ja, Nebel war seit – seit – und die dunklen Häuser, die Straße ins Nichts ...
Und die Fußgänger, die komischen Fußgänger, die vorbeirennen, als seien sie nicht sie selbst …
Was ist mit denen?
Andauernd Fußgänger. Dass mich noch keiner vollends über den Haufen gerannt hat! Wenn ich stürze – und – Meine Schlüssel! Meine Schlüssel! Ein Glück, noch da. Die waren nur in irgendeine Falte der Hosentasche gerutscht. Ja, alle acht Schlüssel sind da. Die drei für die drei Schlösser an der Haustür, zum Schutz gegen Einbrecher – die zwei für die Wohnungstür – nein, ich glaube, der eine der beiden ist wirklich der Kellerschlüssel …

Jemanden ansprechen? Jemanden um Hilfe –? Klar, sonst noch was!
Eine muffige Luft ist das hier! Wohl durch den Nebel. Nur durch den Nebel? Was ist das, das da so stinkt – Moder, Schimmel, Urin? Oder alles zusammen? Man kann gar nicht mehr richtig durchatmen.
Seltsam, diese Fußgänger. Warum rennen die bloß so? Hetzen durch den Nebel, das spottet jeder Beschreibung. Tauchen auf und verschwinden – eine Sache von ein paar Sekunden. Wie aufgezogene Automaten. Oder ziehen sie sich gar selbst auf? Jede Stunde: Krrrk! Da – nein, wieder Glück gehabt. Muss ich auch immer so erschrecken, wenn einer auf mich zustürmt? Reiß dich zusammen, Mann! Angst ist ein schlechter Ratgeber!
Da kommt wieder einer – sein Gesicht? Warum verschwimmt mir denn schon wieder alles vor den Augen?
So geht es doch nicht! Nein, so geht es nicht!
Ja, aber – aber – wenn, also ***wenn*** ich irgendein Gesicht sehen könnte – was spielt das überhaupt für eine Rolle?
Quatsch, totaler Blödsinn! Man muss doch seinen Mitmenschen ins Gesicht schauen! Ein Mensch ohne Gesicht – bitte, wo gibt es denn so etwas? Der wäre doch völlig austauschbar! Profillos! Belanglos! Nein, jeder Mensch ist etwas Einzigartiges. Ein Gesamtkunstwerk seines Schöpfers, ein Unikat. Jeder Mensch ist einmalig! Einmalig!! Das ist doch so ziemlich das Erste, das einem im Leben beigebracht wird! In diesem verdammten Scheißleben! Egal, ob man jetzt an Gott glaubt oder nicht!
Also ich, ich glaube schon lange nicht mehr an ihn.

Aber trotzdem ...
Diese Häuser, diese gottverdammten Häuser! Schwarz! Pechschwarz! Kohlrabenschwarz! Katholikenschwarz! Schwarz! Schwarz! Ja, sind das denn überhaupt Häuser? Oder nur düstere Mauern? Wie auf einem Gefängnishof? Kafkas kleine Fabel, warum fällt mir jetzt dieser Quatsch ein? Immer fällt mir das ganze Zeug ein! Was soll ich mit dem?

„Ach", sagte die Maus, „die Welt wird enger mit jedem Tag. Zuerst war sie so breit, daß ich Angst hatte, ich lief weiter und war glücklich, dass ich endlich rechts und links in der Ferne Mauern sah, aber diese langen Mauern eilen so schnell aufeinander zu, dass ich schon im letzten Zimmer bin, und dort im Winkel steht die Falle, in die ich laufe." – „Du musst nur die Laufrichtung ändern", sagte die Katze und fraß sie.

Schon wieder diese Niedergeschlagenheit, immer dann, wenn ich sie nun wirklich nicht brauchen kann. Blöde Launen! Meine Schlüssel, du lieber Himmel, meine Schlüssel! Puh – noch da, Glück gehabt. Wieder mal mehr Glück als Verstand. Alle da. In der Hosentasche. Normalerweise dürften sie da ja auch nicht rausfallen. Normalerweise.
Normalerweise ist gut ...
Solange die Tasche kein Loch hat ...
Weiter! Weiter!
Aber wohin?
Wenn ich bloß nicht so müde wäre! Total kaputt, ich könnte

glatt … Na, super, frag doch gleich nach einem Quartier! „Entschuldigen Sie bitte, ich hätte gern ein Zimmer für eine Nacht, ich möchte schlafen, alles andere ist mir egal!“
Als ginge mich die ganze Welt nichts an! Klar doch!
Jetzt noch mal genau überlegen. Genau und systematisch.
Also: Was suche ich? Was – suche – ich?
Wenn ich das bloß wüsste …
Nein! Nein!! Das ist doch Blödsinn! Darum geht es doch gar nicht! Es geht um –
Müde, einfach nur müde …
Und dieser furchtbare Mief!
Doch jemanden fragen? Ja, aber wenn der … Diese Blamage, diese Riesenblamage! Klar, weil ich unbedingt dastehen muss wie der Dummbartel!
Ja, aber ...
Nein, es muss sein. Es muss sein. Was soll ich denn sonst machen! Jemanden fragen! Den da vorne vielleicht? Schon weg … Oder die Frau? Die sieht – nein, wie die geht, ist das ein richtiger Feldwebel. Oberfeldwebel. Hauptfeldwebel. Oder – ja, bei dem Dicken da vorne versuche ich es mal, der sieht halbwegs gemütlich aus, ich ...
„Entschuldigen Sie vielmals, könnten Sie mir bitte sagen ...“
Was ist das jetzt? Wie ist denn der drauf? Warum rennt er einfach weiter? Beachtet mich nicht einmal! Kein bisschen!
„Entschuldigung ...“
„Pardon, könnten Sie vielleicht ...“
Nichts! Nichts!

„Excuse me please … Excusez-moi, pouvez-vouz m'aider? Scusi, cerco ..."
Nichts. Keiner reagiert. Ja, sind die denn taub?
Dauernd Leute. Die rennen, als gehe es um ihr Leben.
Aua – Blödmann! Der hätte doch aufpassen können! Beinahe wäre ich hingeflogen. Meine Schlüssel, Gott, meine Schlüssel! Da sind sie. Vorsichtshalber kontrollieren: Alle acht sind noch da. Die drei für die drei Schlösser an der Haustür, die die Einbrecher abhalten sollen, die zwei für die Wohnungstür – oder für den Keller … Hat meine Kellertür ein Schloss oder zwei?
„Herr, ich habe keinen Menschen ..."
Ammenmärchen! Kinderkram!
Alles fällt einem ein, was kein Mensch braucht! Aller möglicher Quatsch! Nur das, worauf es ankommt …
„Herr, ich habe keinen Menschen, der mich in den Teich hineinträgt, damit mich der Engel Gottes heilt ..."
Blödsinn!
Klar, das musste jetzt passieren! Weil ich einfach nicht aufpasse, weil ich mit meinen Gedanken sonstwo bin! Eine alte Frau mit Stock, krumm, gebeugt, ich kann nicht mehr ausweichen …
Sie geht einfach weiter.
Sie geht einfach durch mich hindurch!
Einfach durch mich hindurch …
Als wäre ich Luft! Als hätte ich keinen Körper! Aber ich bin doch …
Ich bin eben nicht einmal erschrocken. Wo bin ich bloß mit meinen Gedanken! Mensch, reiß dich zusammen, reiß dich

zusammen! So geht das doch nicht!
Kann es denn sein, dass der Nebel noch dichter geworden ist? Und es stinkt immer mehr! Nach – nach –
Ah, da vorne – lucet lux in tenebris. Es leuchtet ein Licht in der Dunkelheit. Den Spruch kenne ich noch vom Religionsunterricht früher. Genauso wie „Wer nur den Lieben Gott lässt walten“ oder „Du, meine Seele, singe, wohlauf und singe schön!“ Habe ich alles auswendig lernen müssen früher. Pah!
Was ist denn das da vorne? Eine große, helle Fläche, eine beleuchtete Fläche. Jetzt erkenne ich es: ein Portal, ein Eingang zu einer Kirche. ***Erkennen***? Das habe ich von Anfang an ***gewusst***! Ich habe es förmlich ***kommen sehen***! Natürlich, so etwas brauche ich jetzt gerade. Wo ich doch sonst seit Jahren keinen Fuß mehr in eine Kirche setze! Aus Grundsatz! Aus Prinzip!
Und jetzt stehe ich plötzlich mittendrin. Zwischen den letzten Bankreihen.
Alles voller Menschen. Die müssen doch sofort sehen, dass ich … Wie ich sonst immer über die Kirche und die Kirchenbesucher hergezogen bin! Kuttenprunzer! Fromme Heuchler! Rutschen hier auf den Knien herum, machen einen auf Demütig und im Privatleben … Und klar, jetzt, wo ich selber ein Problem habe …
Was um alles in der Welt ist bloß mit meinen Augen? Schon wieder verschwimmt alles! Doch, jetzt sehe ich wieder so einigermaßen. Aber mit meinen Augen stimmt was nicht. Irgendwas stimmt da nicht.

Bänke, nichts als Bänke. Voll mit – sind denn das überhaupt Menschen? Na, ja, was denn sonst ... Hocken da, total gleichförmig, tief gebeugt, demütig, andächtig (wer's glaubt!), alle in derselben Haltung, alle in dieselbe Richtung blickend. Wohin?
Ja, wohin?
Herrgott noch mal, wenn mir nur nicht alles vor den Augen verschwimmen würde ...
Und das Licht blendet.
Aber das ist doch eigentlich gar nicht so grell! Warum sehe ich denn so schlecht? Was um Himmels willen ist mit meinen Augen? Das ist doch nicht normal! Ja, werde ich denn –?
Jetzt geht es wieder. Einigermaßen.
Wo ist denn überhaupt der Altar? Der Pfarrer oder Priester? Die Kanzel? Wände, Säulen, Emporen, die Orgel? Oder zumindest der Opferstock? „Die Kirche hat einen großen Magen, hat ganze Länder aufgefressen und doch noch nie sich übergessen ..." Bänke, nichts als Bänke. Voller Menschen, dahingeduckt, tief gebeugt, demütig oder sich demütig stellend, stumm und gleichförmig das Maul bewegend.
Ich sehe nichts! Ich sehe einfach nichts! Da ist doch – – –!
Und dieser beißende Geruch nach Weihrauch! Nach Heuchelei, nach Bigotterie!
Raus! Raus hier! Nichts wie raus!
Nebel. Kein Kirchenportal mehr. Nichts mehr mit „Licht in der Finsternis" und dem ganzen falschen, frommen Gesülze. Nebel, womöglich schon wieder dichter geworden. Man sieht kaum noch zwei Meter weit. Die Häuser: hingeduckt wie schwarze

Ungetüme, bereit zum Sprung – mein Gott …
Den es nicht gibt …
Die Schlüssel! Noch da. Alle noch da. Nur noch sieben? Habe ich einen verloren? Nein, alle acht sind noch da. Keiner ist aus dem Schlüsselring gerutscht. Da sind die drei für die drei Schlösser der Haustür, die ich habe anbringen lassen wegen der Einbrecher – die zwei für die Wohnungstür, oder ist der eine der Kellerschlüssel … Ich kann sie kaum unterscheiden.
Ja, was haben denn auf einmal die Leute? Wie gehen die denn? Ganz langsam! Führen jede Bewegung total übertrieben aus! Wie unter Wasser!
Und was ist das jetzt schon wieder? Da schält sich ein Fuß aus dem Nebel heraus, ganz, ganz langsam, dann ein Bein, ein langes Bein, das wird immer länger, wie von einer Spinne, die mich im nächsten Moment –
Nein! Ich drehe noch durch! Das ist ein alter Mann, ellenlang und nur aus Haut und Knochen bestehend.
Da, eine riesige Bestie! Zähnefletschend, riesenhaft, bewegt sich langsam auf mich zu, kommt immer näher – nein, Unsinn, ein Hund. Nicht mal groß.
Aber wie sieht der denn aus? Komisch – so sieht doch kein Hund aus! Eine richtige Missgeburt: Die Beine zu kurz, der Körper zu schwer, der Kopf zu groß, er kann ihn kaum tragen …
Jetzt ist er weg. Wie vom Erdboden verschluckt.
Dafür tauchen ganz, ganz langsam zwei zappelnde Gliedmaßen aus dem Nebel auf, Beine, ja, Beine, die gehören einem Mann?

Nein, einer Frau – oder doch einem Mann? Man sieht rein gar nichts in diesem Nebel. Er oder sie macht ganz hektische, fahrige Bewegungen, die Beine wirbeln wie bei einem Insekt, so rasend, dass man sie kaum erkennen kann, die Gestalt hat es fürchterlich eilig, es kann ihr gar nicht schnell genug gehen und trotzdem kommt sie kaum vorwärts. Jetzt biegt sie rechts ab. Weg ist sie.

Da glotze ich, als säße ich im Kino! Als beträfe mich das alles nicht. Aber ich kann hier doch nicht dumm rumglotzen! Ich muss weiter, weiter ...

Kann ich eigentlich auch nicht mehr richtig gehen? Nur noch in Zeitlupe? Einen Fuß ganz vorsichtig, ganz langsam vor den anderen setzen! Und wie ist das anstrengend! So wahnsinnig anstrengend!

Warum fühle ich denn nichts mehr?

Aber – aber – – –

Aber ich kann doch fliegen!

Dass ich daran nicht gleich gedacht habe, an das Nächstliegende!

Ich kann doch fliegen! Mit den Armen! Das ist es, das ist der Ausweg! Einfach mit den Armen in der Luft rudern, Flugbewegungen machen! Und ja, schon hebe ich ab, einen Meter, zwei Meter, noch ein bisschen höher …

Aber wie schwer fällt mir das! Das hält doch kein Mensch durch! Nein, es hat keinen Zweck. Ich muss wieder runter auf die Erde. Ganz vorsichtig runter und …

Nicht einmal mehr das Fliegen bekomme ich hin!

Kann ich überhaupt noch sprechen? Oder habe ich das auch verlernt? Ja, was denn sonst noch alles?
Eine bekannte Gestalt vor mir, eine Frau, das ist doch … Dass ich mir aber auch keine Namen merken kann! Und Gesichter auch nicht! Nichts, worauf es ankommt, kann ich mir merken! Aber das hier, das ist …
Jetzt dreht sie sich um. Das ist doch …
Ja! Das ist …
Dabei ist sie schon lange tot! Aber nein, sie weiß es nur noch nicht, dass sie gestorben ist! Sie kommt auf mich zu, wie ich es mir immer gewünscht habe!
Ich strecke meine Arme aus.
Nichts. Weg. Als sei sie nie da gewesen.
Keine Häuser mehr an der Straße. Komisch, wann bin ich denn aus der Stadt herausgekommen?
Löst sich der Nebel etwa auf?
Quatsch. Natürlich nicht. Dass ich mir immer etwas vormachen muss!
Keine Straßenlaternen mehr …
Das ist alles so sinnlos! So total sinnlos!
Wie in einem Sack …
Blödsinn! Sinnlos gibt es nicht! Alles hat Sinn!
Man sieht rein gar nicht mehr, wohin man tritt. Nichts zu sehen, nichts! Die Straße, ich darf sie nicht verlieren! Meine Schlüssel! Noch da, zum Glück noch da. Alle acht? Sind alle acht noch da? Da fehlt einer! Da fehlt einer! Welcher fehlt denn jetzt? Wenn es nur der für den Keller wäre – die Tür könnte ich notfalls noch

… Wie soll ich in dieser Dunkelheit erkennen, wie viele Schlüssel ich habe? Sind es sogar nur noch sechs? Oder doch –

Ja, klar, das musste jetzt passieren. Einen Augenblick nicht aufgepasst – und schon sause ich auf dem Hosenboden eine Böschung hinunter. Logisch. Das hat passieren müssen. Und typisch, dass immer ***mir*** solche Sachen passieren.

Es hat nicht weh getan. Ich kann wieder aufstehen, kein Problem.

Seltsam nur: Ich fühle mich wie in Watte verpackt. Am liebsten würde ich jetzt …

Nichts da! Weiter! Ich kann doch hier nicht einfach bleiben und schlafen! Ich muss doch ...

Weiter geht's, weiter!

Aber wohin?

Und ich bin so müde. Und niedergeschlagen, einfach nur niedergeschlagen.

Und jetzt, in der stockdunklen Nacht?

Quatsch! Faule Ausrede! „Geht nicht" gibt's nicht!

Aber was ist denn das da vorne? Ein Licht? Ein Licht, gar nicht weit entfernt?

Und der Nebel – der Nebel ist weg! Weg! Der ist tatsächlich weg!

Ausgerechnet jetzt komme ich nur zentimeterweise voran!

Aber ich muss dorthin. Zu diesem Licht. Flimmert es? Nicht verlöschen, nicht verlöschen!

Ein Mann wenige Meter vor mir, ein Mann!

Und ausgerechnet jetzt …

Ich brauche eine Toilette. Dringend. Wenn der mitbekommt, dass ich die Hose runterlasse und … Peinlich!
Pinkeln ginge ja noch, wenn es nur das wäre ...
Aber – ich habe ja gar keine Hose mehr!
Nur noch mein Hemd, darunter bin ich nackt …
Ja, natürlich, untenherum bin ich nackt. Ist doch ganz normal! Die normalste Sache der Welt!
Aber dass ich jetzt zur Toilette – das bräuchte er nicht gerade zu sehen …
Schaut er nicht zu mir herüber?
Ja, er schaut herüber! Er sieht mich! Er sieht mich!
Ein alter Mann mit Bart, nein, doch nicht mit Bart – jetzt lächelt er. Lächelt? Er grinst hämisch! Abgrundtief bösartig! Und gleich darauf schaut er wieder ganz freundlich. Mein Gott, meine Augen – gerade jetzt brauche ich sie doch so dringend! Was ist denn mit dem? Völlig faltiges Gesicht, fletscht die Zähne, blickt voller Mitgefühl, seine Augen blitzen böse, er breitet die Arme aus, hat plötzlich ein Messer in der Hand – nein, etwas zu essen, nein, eine lebende Gans, die leblos herunterhängt, die er schlachten will, nein, ein Kruzifix … Schneidet eine widerwärtige Grimasse, lacht, schreit, brüllt, tickt völlig aus …
Kommt er zu mir herüber?
Er schaut zu mir.
Oder durch mich hindurch?
Oder – – – – –

Geisterbahn

Für Florian Stenger

„Himmelsgasse."
Fürchterliches Gedränge, Frau Rumpel kommt kaum vorwärts. Die meisten Menschen sind so viel größer als sie, das erzeugt in ihr Beklemmungen. Nur nicht stürzen! Die wären glatt imstande, über sie hinwegzutrampeln. Wie die Menschen halt so sind in dieser Zeit.
„Süßer die Glocken nie klingen …"
Weihnachtslieder, soweit das Ohr reicht. Schön, denkt sie mit einem Mal, trotz des Gedränges. Obwohl – manchmal wird es einem fast schon zuviel mit den Weihnachtsliedern. Aber trotz allem: Es geht nichts über die deutsche Weihnacht!
Was es hier nicht alles gibt! Ein Spielzeugstand mit richtig schönen Redensarten, nichts gewaltsam Modernes: „Lasset die Kindlein sorglos spielen, eh sie den Ernst des Lebens fühlen!" Was verkaufen die da? Panzer? Spielzeug-Maschinengewehre? Egal, richtig schön. Und so schön weihnachtlich dekoriert alles! Wenn nur die abgerissenen Typen nicht überall herumlungern würden, Hartz-4-Empfänger, stehlen dem Lieben Gott die Tage, trinken massenhaft Glühwein, setzen vermutlich massenweise Kinder in die Welt – wie die Karnickel, wie die Karnickel. Und vermutlich nicht mal Geld für eine saubere Wohnung. Aber Autos und teure Urlaube und Kreuzfahrten und den Mund aufreißen und an allem herummäkeln –

„Knecht-Ruprecht-Weg.“
Oh, ja, oh, ja, der hätte heute ordentlich zu tun bei diesem ganzen asozialen Pack! Ist doch auch wahr! Frau Rumpel ist eine herzensgute alte Frau, friedliche Rentnerin, die mit ihrem Mann in einer kleinen, aber geschmackvoll eingerichteten Zweizimmerwohnung lebt, solange es halt irgendwie geht. Altersheim? Kommt noch früh genug. Wenn sie sich das überhaupt leisten können mit ihrer kleinen Rente. Da hat man ein Leben lang geschuftet, sich nichts gegönnt, sich nie etwas leisten können, weil man in der Zone gelebt hat – Urlaub im Erzgebirge oder auf Usedom und einmal in der Hohen Tatra, das war doch nichts, obwohl, schön war's trotz allem. Und jetzt? Undank ist der Welt Lohn. Aber so ist es eben …
Na, sie will sich doch an einem so schönen vorweihnachtlichen Nachmittag nicht ärgern! Das bringt sowieso nichts und schlägt nur auf den Magen.
Apropos Magen: Etwas essen? Hm, da wäre ein schöner, wunderbar geschmückter kleiner Stand, an dem heiße Maronen angeboten werden. Ja, ihre Nachbarn, das wären auch solche Kandidaten, denkt sie. Heiße Maronen? Wie die Karnickel, wie die Karnickel, und die Kinder toben rum, sind frech zu alten Leuten und werden es im Leben garantiert nie zu etwas bringen, das weiß Frau Rumpel mit der ganzen Erfahrung ihrer 72 Lebensjahre. Oder lieber eine Bratwurst? Ob es hier, in diesem erbärmlichen Westen, überhaupt richtige Thüringer Rostbratwürste gibt? War doch nicht alles schlecht, was es früher in Mitteldeutschland gegeben hat, da können diese arroganten

Wessis sagen, was sie wollen. Klar, Siegerjustiz! Aber das kennt man ja, sie hat das auch nach 1945 noch mitbekommen, ihr Opa hat oft genug davon erzählt.
„Oh du fröhliche …“
Auch wieder Riesengedränge – ein Kinderkarussell! Richtig süß, Pferde, kleine Autochen und Fahrräder und dann und wann ein weißer Elefant. Ach, was war das für ein schönes Gedicht, wer hatte das gleich wieder geschrieben? – Es war ja nicht so, dass es im Osten keine gute Literatur gab! Obwohl –
Wenn nur diese kleinen, verzogenen Bälger, denen heutzutage ja niemand mehr Manieren beibringt, denen man nicht mal eine runterhauen darf, ohne dass im nächsten Moment die Eltern mit irgendeinem Rechtsverdreher auftauchen – also wenn diese Bälger, diese Bastarde nur nicht so entsetzlich in der Gegend herumkreischen würden!
Und überhaupt – was hat ein Kinderkarussell auf einem Weihnachtsmarkt verloren?
Klar, alles geht den Bach runter, heute ist alles nicht mehr wie früher, alles geht den Bach runter. Und die Leute drängen an ihr vorbei, einige Male wird sie regelrecht geschubst. Furchtbar! Und der Schneematsch spritzt unter dem Getrampel dieser überdrehten –
„Christkindlweg.“
Jetzt ist sie schon wieder drauf und dran, sich aufzuregen, und das will sie doch nicht! Nicht in der Adventszeit. Und erst recht nicht auf dem Weihnachtsmarkt! Was haben die Rumpels früher so schön Weihnachten gefeiert, damals im Osten, als man noch

bescheiden lebte und mit dem zufrieden war, was einem nun einmal beschieden war! War das schön! Und heute? Aber sie will sich nicht andauernd beklagen.
Trotzdem: Es ist alles nicht mehr, wie es einmal war.
Immerhin: wie schön weihnachtlich alles geschmückt ist! Fast ist sie wieder versöhnt, ihre Gutmütigkeit ist schon immer von allen ausgenützt worden. Eine Schweinelende muss sie auch noch kaufen, die darf sie nicht vergessen. Die will sie morgen, am Ersten Advent, schön zubereiten, wie früher, mit Champignon-Sahnesoße, für die sie ganz viel Sahne verwenden will. Und mit Thüringer Klößen, die ihr so schnell keiner nachmacht.
„Stille Nacht, heilige Nacht …"
Ja, aber was ist jetzt das schon wieder? Da steht eine kleine Handvoll Männer vor einem Glühweinstand, knallbunt geschminkt, und sie brüllen in der Gegend herum! Ach, so, Schwarzrotgold, klar, heute ist doch Fußballspiel, Deutschland gegen die Stinkfranzosen! „Steht auf, wenn ihr Deutsche seid!", schreien sie. Und gleich darauf: „Schiri, du Arschloch!" Bei diesem Wort zuckt sie förmlich zusammen; so bräuchten sie sich nicht gerade auszudrücken, denkt sie, obwohl sie ja recht haben: Alle sind gegen die Deutschen, zumal gegen die Ostdeutschen. Trotzdem: Das ist auch so was, das heutzutage modern ist: Keine Fernsehsendung mehr ohne Sch … – man bringt es nicht über sich, so was in den Mund zu nehmen. Unmöglich, aber daran merkt sie, dass sie alt wird. Ihre Zeit ist wirklich abgelaufen. „Einigkeit und oh Tannenbaum Recht und wie grün

Freiheit sind deine Blätter“ – sie haben ja recht, die jungen Männer, sie haben vollkommen recht, andere sind auch stolz auf ihr Land, und überhaupt, warum sollen wir Deutsche nicht wieder –

„Engelsallee.“

Obwohl – wenn man es sich genau überlegt, besteht doch nicht so viel Anlass, stolz zu sein. Wo doch alles so den Bach runtergeht! Ihre Nachbarn, das sind auch so Kandidaten. Dem Staat auf der Tasche liegen und tagaus, tagein auf alles schimpfen – immerhin, das hätte es früher im Osten nicht gegeben, da hätte es geheißen: Ab nach Bautzen!

Im ***Osten***! Auch so ein Verrat! Eigentlich müsste es heißen: in Mitteldeutschland! Unglaublich, was man sich den Deutschen gegenüber alles herausnimmt, wir können nur zahlen für alles hergelaufene Gesocks und sonst – nein! Nein! Nein! Sie will sich in der Weihnachtszeit nicht aufregen! Zumal alles so schön weihnachtlich dekoriert ist. Sogar ein kleiner Stand der Deutschen Bank ist da, voller Tannenzweige und Lichterketten und sogar mit weihnachtlichem Schnitzwerk aus dem Erzgebirge (oder aus Taiwan oder sonst woher, die nehmen uns noch mal sämtliche Arbeitsplätze weg): „Sofortkredite bis € 1000,-- zu wahrhaft weihnachtlichen Konditionen!“

Stimmt, jetzt fällt es ihr wieder ein, ihr Nachbar, dieser unfreundliche, griesgrämige Patron, der nicht einmal das Treppenhaus fegt, wenn er an der Reihe ist, der war doch früher auch bei einer Bank? Nicht sogar bei der Deutschen Bank? Und dann stand er auf einmal auf der Straße. Na, wird wohl seinen Grund gehabt haben, dass er keine Arbeit mehr hatte, wer arbeiten ***will***, der findet auch Arbeit, nur gibt es so viele, die einfach nur arbeitsscheu sind, das war früher nicht so. Und der blöde Staat füttert die alle durch und knausert stattdessen bei den Rentnern, die ihr ganzes Leben lang nur geschuftet und sich nie was gegönnt haben, einfach deswegen, weil man nicht anders konnte und es nichts gab. Und die Wessis gönnen einem jetzt nicht mal das bisschen Freude, das man noch im Leben –

„Friedensweg."

Nein! Nein! Sie will sich nicht ärgern, das gehört sich einfach nicht in der Weihnachtszeit, das hat es früher sowieso nicht gegeben. Endlich was essen? Gebrannte Mandeln? Nein, zu süß, zu teuer – das kann man sich nicht leisten, wenn man nur von einer kleinen Rente lebt, weil die Leute aus der Zone sowieso immer die Dummen und die Gelackmeierten sind. Macht außerdem nicht satt. Aber essen muss sie was.

„Ihr Kinderlein kommet …"

Ja, das fehlte noch, da kommen sowieso schon so viele von weiß Gott woher und plärren die Welt voll, auf die haben wir hier gerade gewartet. Sie isst ein halbes Hähnchen. Zäh wie Leder. Und teuer! Damals kostete das eine Ostmark fünfzig, allerhöchstens, schmeckte nicht besonders, schmeckte im Grunde nach gar nichts, „Gummiadler" sagte man seinerzeit dazu, natürlich nur hinter vorgehaltener Hand. Aber man war bescheiden, weil man es nicht anders gewöhnt war. Und man war, auch wenn das heutzutage altmodisch geworden ist, zufrieden mit dem, was man hatte. Und heute bezahlt man für so ein halbes Hähnchen gut und gerne das Dreifache in Euro. Wucher. Aber der Westen hat eben gewonnen und der Sieger diktiert den Preis, das war auch 1945 so, immer dasselbe, immer dasselbe –

„Geisterbahn."

Wie, bitte? Was ist das? Eine Geisterbahn auf einem Weihnachtsmarkt? Der Westen weiß wirklich nicht mehr, was er noch Verrücktes tun soll. Obwohl – irgendwie fühlt sie sich von der Fassade angezogen. Grässlich, natürlich, keine Frage, so was gab es früher im Osten nicht, daran war nicht zu denken, das wäre westlich-dekadent gewesen, entartete Kunst sozusagen.

Aber trotzdem …

Was ist nur los mit ihr?

Die ganze Fassade dieser Geisterbahn – alles voller Fratzen. Alle möglichen Fantasietiere gibt es hier, Dinosaurier (auch so eine Mode neuerdings!), Affen, Schlangen, Riesenspinnen und Gott weiß was für Dreckzeug. Ein riesiges Monster, Mittelding zwischen Gorilla und schwarzem Jazz-Musiker, streckt seine dreckigen Pranken nach ihr aus; es verschlingt gerade einen Weihnachtsbaum, dessen Kerzen aus seinem Rachen leuchten.

Sie muss wirklich den Verstand verloren haben.

Schon hat sie eine Fahrkarte gekauft (drei Euro fünfzig, Wucher, wenn das ihr Mann wüsste, der ist doch immer so sparsam!) und nimmt in einem Wagen Platz. In einem grünen Wägelchen mit einer Art Gesicht: hässliche Schnute, riesige Glotzaugen. Wie gesagt: Entartete Kunst eben, nichts ist mehr,

wie es einmal war.
Aber diese Spannung in ihr ...
Schon beginnt die Fahrt. Der Wagen rollt ins Dunkel. Dunkel? Überall rot und gelb und grün leuchtende Fratzen, die sie blöde und böse angrinsen, ein Gesicht erinnert sie an ihren Nachbarn, diese verkrachte Existenz, von dem die Deutsche Bank nichts mehr wissen will, ein anderes irgendwie an den schweinischen Westerwelle, der immer so eine falsche Schnute zieht wie ein vorwitziger Kiebitz – klar, so einer hätte früher bei ihnen im Osten auch nichts zu lachen gehabt.
Ein hässliches gelbes Skelett, der Wagen wird schneller, rast direkt darauf zu – ein Krachen und die Knochen fliegen in alle Richtungen davon. Und was ist das? Ein Kerl liegt mit dem Kopf auf einem Hackklotz, ein anderer holt mit dem Beil weit aus, schlägt zu, der Kopf fliegt in hohem Bogen durch die Luft, direkt auf sie zu, sie zuckt zusammen – Dunkel, nichts mehr. Sie atmet auf. Muss so was wirklich sein? Da fahren doch sogar Kinder mit!
Aber da, eine Brücke – sonderbar, was ist das? Die Brücke sinkt mit dem Wagen tiefer, immer tiefer – Gott, sie bricht durch, unten Krokodile, reißen schon ihre fürchterlichen Mäuler auf, und der Wagen –
Teufelsfratzen, überall plötzlich Teufelsfratzen! Wo kommen die auf einmal her? Lautes, schrilles Gelächter, richtig ordinär, plötzlich spürt sie ein riesiges Spinnennetz im Gesicht, der Wagen bleibt stehen. Sie schreit, will die widerlichen Fäden einfach wegwischen, es geht nicht, sie gerät in Panik, da

entdeckt sie die Herrin des Netzes: eine riesige Spinne, die langsam, langsam auf sie zu krabbelt und sie ausdruckslos anglotzt. Und unversehens verwandelt sich das Untier in einen bulligen Kerl in Uniform, der mit seinem Maschinengewehr auf Frau Rumpel zielt und gleich abdrücken wird, die Angst schnürt ihr die Kehle zu –

Dunkel, der Wagen setzt sich wieder in Bewegung. Und jetzt, was ist denn das schon wieder? Was passiert da? Grässlich, einfach grässlich: Ein Mann ist zwischen vier Pferde gespannt, um gevierteilt zu werden, ein Kerl drischt wie wild auf die Gäule ein, der Gevierteilte schreit wie am Spieß – widerlich, was hat das jetzt noch mit Weihnachten zu tun? Und der Wagen wird immer schneller, rast vorbei an einer Fratze, die sie an Walter Ulbricht erinnert, sie hat keine Zeit, sich darüber Gedanken zu machen, denn jetzt kommt ein ganzes Panzerbataillon, sie rast direkt darauf zu, die Panzer richten ihre Geschütze auf sie –

Dunkel.

Stickige Luft. Sie schwitzt aus allen Poren, verflucht sich für ihre Dummheit, sich auf so eine Fahrt eingelassen zu haben.

Aber eines nimmt sie sich vor, ganz fest, egal, was kommt: Dem blöden Nachbarn wird sie bei nächster Gelegenheit die Meinung sagen und dem jungen verlotterten Lehrer über ihr mit seiner ewig lauten Musik und den seltsamen Männerbesuchen erst recht, der kann sich auf –

Abwärts es geht abwärts der Wagen wird schneller schneller schneller aufgespießtes Kind ganzer Berg von Totenschädeln

abwärts immer weiter abwärts Galgen Todesspritze direkt auf eine riesige Todesspritze zu Kurve sie fliegt fast aus dem Wagen Thomas Gottschalk Tannenbaum riesiges Feuer CIA abwärts abwärts schrilles Schreien immer lauter immer lauter ohrenbetäubend immer schneller abwärts Schlund Höllenschlund hinein mitten hinein lautes Krachen ohrenbetäubend aus das Ende sie schließt die Augen – – –
Frische Luft. Menschenmassen. Lichterketten. Asoziales Gesocks. Stände. Alles verschwommen. „Tochter Zion, freue dich!"
Nur nicht die Schweinelende vergessen!

Advent

Die enge, düstere Einkaufsstraße ist festlich geschmückt und schwarz vor Menschenmassen. Jeder drängt sich rücksichtslos voran. Kein Laut ist zu hören. Keine Stimmen, keine Weihnachtslieder. Totenstille. So riesige Menschenmassen in steter Vorwärtsbewegung und doch Totenstille!
Vorhin habe ich einen alten, dunkelbraunen VW Käfer gesehen, völlig verdreckt – das einzige, das hier noch daran erinnert, dass viele in unserem Land einmal alternativ leben wollten.
Einige Augenblicke lang dröhnt über allem eine Stimme, der Akustik nach aus dem Bundestag: Die heldenhaften Belgien-Kämpfer seien ein leuchtendes Vorbild für die deutsche Jugend. Donnernder Applaus im Parlament, brüllende Zustimmung; als der Beifall abebbt, ist ein schüchterner Zwischenruf zu vernehmen: „Langemark!" Im nächsten Augenblick ist die Geräuschkulisse verstummt. Abgedreht, wie man ein Radio ausschaltet. Als sei sie nie da gewesen.
Völlig unbeeindruckt drängen sich die Menschenmassen durch die Straße. Wohin? Hell erleuchtete Läden in den Erdgeschossen der immer gleichen Häuser, alle Fenster darüber finster. Es dämmert.
Dabei kommt doch jetzt der Augenblick, auf den alle gewartet haben! Seit Tagen berichten die Medien über nichts anderes, Kriege und Mord und Totschlag sind auf die hinteren Seiten der Zeitungen verbannt, in Facebook redet man, von unverbesserlichen Querulanten abgesehen, über nichts anderes mehr, selbst

die Google-Startseite trägt dieser Aktualität Rechnung. Es gab nämlich ein Preisausschreiben, wie es noch nie dagewesen ist. Überall wurde zur Teilnahme aufgerufen, für die Werbekampagne wurden selbst mehrere ehemalige Bundesminister, zwei 80-jährige Ex-Showmaster, einige Pornostars, ein gutes Dutzend einstiger Fußballweltmeister und Wimbledonsieger sowie zwei Literatur-Nobelpreisträger gewonnen. Sämtliche Fernsehsendungen wurden für kurze Werbefilme über das Preisausschreiben unterbrochen, in Fußballspielen, die übertragen wurden, wurden zwei zusätzliche Pausen in der Mitte der Halbzeiten eingelegt, damit auf dieses Großereignis hingewiesen werden konnte, und sogar der Staatsakt für einen verstorbenen ehemaligen Bundespräsidenten wurde zu diesem Zweck für fünf Minuten unterbrochen, während der den Trauergästen ein Glas Sekt gereicht wurde und der Trauerredner – angemessen distinguiert, versteht sich – auf den Wettbewerb hinwies.
Man hörte so oft von diesem Preisausschreiben, dass man fast schon wieder vergaß, worum es da eigentlich ging. Aber ...
Aber jetzt, just in diesem Augenblick, werden die Sieger geehrt: die Mitglieder derjenigen Bürgerinitiative, die die schönste Papierschaukel gebastelt hat. Das städtische Sinfonieorchester und ein Chor intonieren „Freude schöner Götterfunken", der sächsische Ministerpräsident hält in Vertretung der grippekranken Bundeskanzlerin eine Rede, und, ja, jetzt ist der große Augenblick gekommen: Die Schaukel wird an den Regenrinnen zweier sechsstöckiger Häuser aufgehängt, quer über die Einkaufsstraße, und die stolzen Gewinner, vielleicht fünfzehn

Personen aus sämtlichen sozialen Schichten vom Großindustriellen bis hin zum Arbeits- und Obdachlosen, dürfen, einträchtig vereint, in ihr Platz nehmen und sie einweihen. Im nächsten Augenblick setzt sich die Schaukel in Bewegung, hoch schwingt sie sich empor, bis fast zu den Dächern, um im nächsten Augenblick wieder bis dicht über die Köpfe der fasziniert zuschauenden Menschenmassen herabzustürzen. Die Schaukelnden kreischen und johlen in höchster Verzückung in die Stille hinein, dass man es weithin hört.

Und – das gibt es doch nicht: Während des Schaukelns bewegt sich die Achse, an der das Ungetüm hängt, vorwärts, unaufhaltsam dem Ende der sie tragenden Dachrinnen zu. Ja, merkt es denn keiner? Alle müssen doch sehen, dass es gleich eine fürchterliche Katastrophe geben muss!

Mir ist, als sähe ich das alles nur in einer alten Wochenschau und säße gleichzeitig in der Papierschaukel, mich an der billigen Pappe festklammernd, wie gelähmt vor panischer Angst, herauszufallen oder in wenigen Augenblicken zusammen mit dem johlenden Volk abzustürzen.

Dänemark

Riesige Bahnhofshallen, unabsehbar. Nehmen die denn überhaupt kein Ende? Breite Passagen, Treppen, unzählige Ecken, Kreuzungen, Verzweigungen, da soll sich einer orientieren! Überall Läden und Kioske, hell, unpersönlich, belanglos, ein Laden wie der andere – ja, ja, ich weiß, Modeboutiquen, Juweliere, Parfümerien, was man halt in solchen Bahnhöfen so findet. Ich habe andere Sorgen.
Kaum Passanten, alles hellgrau, reinlich, schattenlos, es wirkt – ja, steril. Und immer wieder eine neue Halle, endlos, einfach nur endlos. Ja, hört denn das nie auf?
Wir haben 1933, ich weiß doch, was die Stunde geschlagen hat! Ich bin doch nicht blöd!
Die Nazis sind hinter mir her. Natürlich, das versteht sich doch von selbst! Sie suchen mich mit allen Mitteln, die ihnen jetzt schon zur Verfügung stehen. Wenn sie mich kriegen, dann gnade mir Gott! Man weiß ja zur Genüge, was sie anstellen mit einem wie mir! Mit einem, der – der –
Überall Polizisten. Willenlose, brutale Bluthunde. Man sieht sie nicht, aber ich bin ja nicht blöd. Nicht auszudenken, wenn ich denen auffalle! Die würden mich sofort erkennen, sie suchen mich doch die ganze Zeit. An allen Ecken und Enden! Also Vorsicht! Vorsicht! Ruhig und besonnen bleiben! Nicht den Kopf verlieren! Und vor allem: Um keinen Preis auffallen! Nicht zu schnell gehen! Keine verdächtigen Blicke oder Kopfbewegungen! Vorsichtig! Wie ein ganz normaler Passant muss ich

wirken! Diese Dreckskerle können überall stecken und mir auflauern, hinter jeder Säule, hinter jedem Zeitungsständer, hinter jeder Scheißhaustür, das darf ich nie, nie vergessen! Gut, dass die vielen kleinen Kioske und die zahllosen Ecken mir immer wieder ein bisschen Deckung geben. Und Zeit, ein ganz klein wenig zu verschnaufen. Nur nicht zu sehr, sonst fällt das erst recht auf.

Ruhig bleiben! Ruhig bleiben! Wer heutzutage auffällt ...

Aber ich muss hier raus! Lange kann ich ihnen nicht mehr entgehen. Ich halte das nicht mehr aus! Ich drehe am Rad! Ich werde noch verrückt!

Ein paar gleichgültige Fußgänger, so belanglos, so unauffällig, dass sie schon wieder auffallen. Alle grau gekleidet, typisch für unsere Zeit, wo man sich um nichts auf der Welt irgendwie exponieren will. Ob das etwa – ? Ein wild knutschendes Liebespaar. Ein paar alterslose Männer, die stumpfsinnig vor einem Kiosk herumlungern. Plötzlich lautes Gejohle: eine besoffene Fangruppe irgendeines Fußballvereins. Oder tun die nur so, als seien die besoffen? Ich muss sie im Auge behalten, sonst –

Da, das musste jetzt so kommen, wo sie mich abgelenkt haben: Ich renne fast gegen einen in der Halle abgestellten dreckig braunen Mannschaftswagen der Polizei.

Eine Falle? Mein Gott! Und ich Volltrottel bin gerade hineingetappt! Jetzt haben sie mich! Wo sind sie denn? Herr im Himmel, wo sind sie denn?

Komisch ...

Keine Menschenseele in der Nähe. Ja – ist die Karre hier etwa einfach nur abgestellt? Weiter, betont gemächlich, ganz unauffällig! So tun, als sei ein in einer Bahnhofshalle geparktes Polizeiauto die normalste Sache der Welt! Ich drehe noch durch! So, wie ich jetzt gehe, muss ich doch erst recht auffallen! Aber was soll ich denn machen? Was soll ich denn bloß machen, Herrgott noch mal?

Ob es hier ein Fährschiff nach Dänemark gibt?

Die Grenze ist doch ganz nah! Wenn ich doch nur schon drüben wäre! Aber ich kann doch nicht den Erstbesten fragen: Entschuldigen Sie bitte, wo geht es hier nach Dänemark?

Nein, ich muss mich schon selbst zurechtfinden. Nur weiter, immer weiter, irgendwo muss doch …

Treppauf, treppab. Hallen, immer wieder neue Hallen. Oder war ich hier schon einmal? Gehe ich im Kreis? Da drüben, der Laden für Billigklamotten, habe ich den nicht gerade erst gesehen?

Wo nur das grässliche Neonlicht herkommt ...

Nicht so schnell, um Himmels Willen, nicht so schnell! Sonst ist alles verloren, sonst falle ich auf und dann – –

Immer diese schrecklichen Hallen. Eine wie die andere. Laut hallen meine Schritte auf den Fließen, man muss sie doch kilometerweit hören!

Und kaum noch Menschen. Pass auf, pass auf! Die haben alles geräumt, um mich umso besser – –

Nein, doch wieder Menschen. Viele Menschen. Auffällig viele Menschen. Hier stimmt etwas nicht! Sind das nicht wieder Polizisten, getarnte Polizisten? Die jetzt ein widerwärtiges Schmierentheater aufführen, um nur ja unauffällig zu wirken?

An einem Kiosk streitet eine Gruppe Männer mit dem Inhaber, dem offenbar das Bier ausgegangen ist. Eine Frau, vielleicht 50, grell geschminkt, nach Parfum und Schweiß stinkend, lächelt mich mit ihrem ruinenhaften Gebiss an und drängt sich unnötig nahe an mir vorüber. Nichts wie weiter!

Und dann das: Eine junge Frau hat mitten in der Passage eine große Wolldecke ausgebreitet, auf dem sie mit ihrem vielleicht dreijährigen Kind campiert wie auf einer Liegewiese. Das Kind spielt gedankenverloren mit seiner Spielzeugeisenbahn und plärrt ununterbrochen: „Achtung, der Viehtransport fährt ab! Achtung, der Viehtransport fährt ab!" Die Mutter, deutsche Mutter, blickt giftig um sich. Wehe, jemand wagt es, ihr Kind beim Spielen zu stören!

Und wenn das doch Polizisten – ?

Nur kein Aufsehen erregen!

Eine Treppe hinauf, die nächste Halle. Plötzlich wieder alles menschenleer, völlig menschenleer. Nicht mal mehr meine Schritte sind zu hören. Diese Stille auf einmal! Und diese Angst, diese wahnsinnige Angst ...

Hinter jeder Ecke, hinter jeder Säule können sie plötzlich hervorbrechen. Dann haben sie mich. Und dann ...

Nicht daran denken! Nicht daran denken, sonst drehe ich durch! Ich muss durch, ich muss mich retten! Ich will mich hier nicht totschlagen lassen!

Wieder ein Kiosk, verlassen und verriegelt, ich biege um eine Ecke – und laufe einer Gruppe von sechs oder acht Polizisten direkt in die Arme. Und natürlich packen sie mich, mechanisch, geschäftsmäßig, ohne ein Wort zu sagen. Wozu auch! Jetzt ist alles vorbei!

Aber im selben Augenblick erhebt sich in meiner Nähe ein plötzlicher Tumult, die Passage ist auf einmal voller Menschen, von irgendwoher kommt vielstimmiges Gebrüll. Gut, dass die Nazis noch nicht alles unter Kontrolle haben wie ein paar Jahre später! Ganz kurz sind die Polizisten abgelenkt, drehen sich nach dem Lärm um, und noch ehe mein Kopf die Situation realisieren kann, reiße ich mich los, renne davon, renne, wie ich eigentlich gar nicht rennen kann. Hinter mir wildes Geschrei, ich rase wieder über Treppen und durch lange Passagen, wie ferngesteuert, nehme kaum noch etwas um mich herum wahr.

Ecken, Kreuzungen, Verzweigungen. Und Treppen, immer wieder Treppen. Ich renne im Kreis, ganz bestimmt renne ich im Kreis, und bald haben sie mich, sie lassen mich noch ein bisschen zappeln wie die Katze die Maus, aber gleich – gleich – mein Gott!

Da, wieder so eine Treppe, völlig menschenleer, keine Zeit zum Nachdenken, ich muss hinauf!

Und mit einem Mal, wie mit Zauberschlag bin ich in einer anderen Welt. Nicht mehr diese endlosen Einkaufs- oder Bahnhofspassagen, nein, sondern bunte Häuser. Und klein, fast spielzeughaft. Vor ihnen ein schmaler Wasserarm, vielleicht ein Kanal, in dem sich der herbstlich blaue Himmel spiegelt. Alles sieht so friedlich aus.

Geschafft! Endlich geschafft! Jetzt bin ich in Dänemark! Gott sei Dank, endlich in Dänemark! In Sicherheit.

Jetzt können sie mir nichts mehr anhaben.
Noch sieben Jahre ...

Schloss Leuchtenberg

Für Maximilian Winkler

„Hi, ich bin Louise! Mit o-u, bitte! Und englisch ausgesprochen.“
Nicht „ich bin ***die*** Louise“. Der Artikel vor dem Namen – nein, das geht schon mal gar nicht, das weiß man ganz einfach, wenn man etwas werden will.
„Hi, ich bin Louise!“ Wenn man diese junge Frau auf der Straße träfe, jugendlicher und zugleich angemessen dezenter weinroter Hosenanzug, kurze blonde Haare, graue Augen (Waren sie wirklich grau? Tatsächlich, etwas anderes hätte mich auch gewundert!) – wofür hielte man sie dann? Für eine Anlageberaterin der Deutschen Bank? Für eine Jungmanagerin bei Karstadt unmittelbar vor dem entscheidenden Sprung ganz nach oben? Für die große Nachwuchshoffnung der FDP, fotogen und wohltemperiert, Beruf und Familie in idealer, vorbildlicher Weise vereinend, dreifache Mutter, die Kultus-, Familien- oder Verteidigungsministerin der Zukunft? Aber nein, meine blöde Ironie geht mal wieder mit mir durch. Mein Hang zur Besserwisserei, zum Weltverbesserer. Mal schön die Kirche im Dorf lassen, Alter, du bist ja keine 18 mehr, du hast einen Beruf, mit dem du eine Familie ernähren musst!
„Louise Müller, Müller mit ü. Nicht Luise Miller von Schiller. Nicht Luise Miller, hihi ...“ Sie blickte lächelnd in die Runde und wir lächelten verbindlich zurück. „Ich bin Schülerin im

Abiturjahrgang in der Internatsschule Schloss Leuchtenberg, stellvertretende Vorsitzende des Ausschusses für Öffentlichkeitsarbeit und, nebenbei bemerkt, im zweiten Jahr Schulsprecherin. Ich heiße Sie, meine Damen und Herren von der Presse, auf Schloss Leuchtenberg ganz herzlich willkommen."

Damen? Plural? Aber unter uns neun Journalisten war doch nur eine Dame. Nun, gut.

„Sie erhalten heute die Möglichkeit", erklärte sie uns, „Detailinformationen über das Internat Schloss Leuchtenberg zu erhalten. Sicher ist Ihnen bekannt, dass wir solche Einladungen an ausgewählte Pressevertreter nur höchst selten vergeben, denn uns geht es um die Zukunftsgestaltung unserer Schülerinnen und Schüler und nicht um Selbstdarstellung in den Medien, die ohnehin oft nicht das nötige Einfühlungsvermögen Einrichtungen wie der unsrigen gegenüber mitbringen – dem Zeitgeist sei Dank." Na, das kam doch schon mal sehr professionell. Und das Schlagwort Lügenpresse hatte sie damit geschickt vermieden, ohne sich davon klar zu distanzieren. À la bonheur!

„Sie wollen also sagen", hakte unsere Kollegin nach, „dass hier nicht jeder reinkommt?" Etwas vorlaut war sie ja immer. Aber keinen Deut schlechter als ihre männlichen Kollegen, keinen Deut.

„Bitte, meine Dame, Sie haben doch ebenso wie Ihre männlichen Kollegen unsere Einladung erhalten – in dieser baten wir Sie ausdrücklich, von Fragen Ihrerseits abzusehen! Sie erfahren von uns alles, was Sie für Ihre Pressearbeit wissen müssen. –

Übrigens bitte ich Sie, mit mir vorlieb zu nehmen – meine Mitschülerin Frauke Stein, die Vorsitzende unseres Ausschusses für Öffentlichkeitsarbeit, ist leider gerade unabkömmlich, sie hat einen wichtigen Termin im Kultusministerium."
Donnerwetter, im Kultusministerium! Natürlich, dafür hatten wir Verständnis. Eine Kardinalstugend eines guten Journalisten: Er darf sich selbst nicht zu wichtig nehmen.
„Nebenbei bemerkt: Wir haben natürlich auch über jeden von Ihnen ausgiebig gegoogelt … Aber wenn Sie mir jetzt bitte folgen möchten ..."
Louise führte uns in einen kleinen Konferenzraum, eingerichtet eigentlich wie jeder andere Konferenzraum auch. Funktionale Tische, im Rechteck angeordnet, die Lehne des Sessels an der Kopfseite des Rechtecks nur geringfügig höher als die der übrigen Stühle. Auf den Tischen Mineralwasser, Orangensaft und kleine Häppchen, Kürbis- oder Sonnenblumenkernplätzchen. Dazwischen kleine Vasen mit Frühlingsblumen, Tulpen und Osterglocken. Frühlingsblumen jetzt im Herbst? Ach, so, ja, künstlich. Aber wirklich gut gemacht, ganz naturgetreu. Sicher nicht billig. Die Wände nicht etwa weiß gekalkt wie anderswo, sondern mit einer Tapete oder Wandbemalung: verschwimmende große Rosenblüten in zartesten Pastelltönen. Sehr weich, ein wenig – ja, schon ein wenig mädchenhaft, sofern man das heute noch so sagen darf.
„Wenn Sie Platz nehmen wollen, bitte ganz zwanglos, wo Sie möchten, nur der Stuhl hier vorne ist für mich gedacht … Und bitte, bedienen Sie sich doch! Die Plätzchen sind ausgezeichnet!

Wie Sie vielleicht schon ahnen: Wir haben uns auf Schloss Leuchtenberg dazu entschlossen, uns nicht von Tierkadavern zu ernähren. Tierkadaver sind von unseren Speisetischen verbannt. Tiere sollen leben und nicht abgeschlachtet werden, nur damit wir Menschen sie in uns hineinschlingen können. Das ist ein Gebot der Humanität, der Nächstenliebe. Finden jedenfalls wir hier auf Schloss Leuchtenberg."

Wir saßen da, rührten die Speisen und Getränke nicht an (wusste man denn, ob uns daraus ein Nachteil erwachsen konnte!) und fühlten uns etwas – sagen wir, merkwürdig. Aber ich zumindest besitze genügend Professionalität, um mit derlei Irritationen umgehen zu können.

„Sie haben bei Ihrem Eintreten in unser Internat noch nicht viel sehen können ..."

„Doch, ein paar Geschäftsräume ...", entgegnete einer meiner Kollegen.

„Bitte keine Fragen, ich habe Sie doch bereits darum ersucht!", schnitt sie ihm das Wort ab. „Sie haben ein paar vermietete Räume gesehen – in unserem Internat geht Klasse vor Masse, wir nehmen nur wenige Schülerinnen und Schüler auf, und ja, um Ihre Frage vorweg zu beantworten: Mehr als drei Viertel von uns sind weiblich. Wundert Sie das? Frauen sind nun einmal ehrgeiziger und leistungswilliger als Männer, vielleicht, weil wir Frauen immer ein bisschen besser sein müssen als unsere männliche Konkurrenz, um uns gegen diese behaupten zu können. Und dabei sind wir bei Weitem nicht so aggressiv, so vernichtend aggressiv wie Männer. Um genau zu sein: Die

heutigen Frauen lehnen Aggressionen in jedweder Form ab. Eigentlich ist dieses Schloss, das, nebenbei bemerkt, aus dem 16. Jahrhundert stammt und dessen Wandmalereien im Treppenhaus zu den bedeutendsten Kunstwerken der Renaissance weit und breit zählen – aber zurück zum Wesentlichen. Also das Schloss ist eigentlich viel zu groß für uns. Sie stellen sich das nicht vor: ein wahres Labyrinth von Fluren, eine Tür wie die andere, wenn man da nicht System hineinbrächte – aber unsere Flure tragen zur besseren Orientierung gewissermaßen Straßennamen, wir haben einen Palmengarten, einen Chrysanthemengarten, einen Blumenkohlgarten, einen Rosengarten … Und ja, eben weil das Schloss so groß ist, wurden einige Räume vermietet. Bei uns gibt es einen Friseursalon, ein Büro einer Versicherungsgesellschaft, in dem besonders Anlageberatungen angeboten werden, sowie eine psychotherapeutische Praxis. Alles wird von unserer Schulgemeinde rege frequentiert – äh ..."
Kurz stockte sie. Wir übergingen ihr Schweigen taktvoll. Taktgefühl ist eine Grundvoraussetzung für guten Journalismus.
„Kommen wir zu Details des Schulalltags. Wie Ihnen ja bekannt sein dürfte, ist dies eine Internatsschule für Hochbegabte, für besonders leistungsstarke und leistungswillige Oberstufenschülerinnen, wie man sie nun einmal vorwiegend im weiblichen Geschlecht findet. Mit dem herkömmlichen Kursangebot, mit dem Einheitsbrei, wie Sie ihn von staatlichen Schulen kennen, ist es da nicht getan. Drei, vier oder gar fünf Leistungskurse sind auf Schloss Leuchtenberg die Regel, anders wären wir nicht ausgelastet. Wenn ich meine Person als Beispiel anführen

darf: Ich belege Leistungskurse in den Fächern Deutsch, Englisch, Mathematik, Biologie und evangelischer Religion. Dass für uns die besten und idealistischsten Lehrkräfte gerade gut genug sind, versteht sich von selbst. Alle haben nur eine halbe Stelle, anders kann man ja heutzutage auch keinen qualifizierten Unterricht mehr gestalten. Und alle Lehrkräfte verzichten freiwillig auf ihr Weihnachtsgeld zugunsten eines Fonds, mit dem ihre Fortbildungsveranstaltungen in den Ferien finanziert werden. Wo gibt es einen solchen Idealismus sonst noch?"

„Bei uns jedenfalls nicht", knarzte es. Es war ja zu befürchten, dass der Älteste unter uns wieder nicht seinen Mund halten konnte. Aber dieser zornige Alt-Achtundsechziger war auch kein richtiger Journalist, sondern ein pensionierter Deutschlehrer und konnte sich bei seiner fetten Pension solche Entgleisungen erlauben. Glaubte er zumindest.

„Wissen Sie", sagte Louise herablassend, „im Grunde möchte ich mich nicht mit Ihnen auseinandersetzen. Sie wollen eben nicht zugeben, dass Ihre Zeit abgelaufen ist, so einfach ist das."

Er ließ ein meckerndes Lachen ertönen. „Nun pass mal gut auf, mein Mädchen ..." Es war einfach nur peinlich.

„Wann habe ich Ihnen denn erlaubt, mich zu duzen?" Jetzt verlor sogar Louise ein wenig ihre Contenance. War das verwunderlich? Wer wollte es ihr verdenken, dass sie noch blasser als zuvor war, dass die Nüstern ihrer Nase ein wenig zitterten?

„Geschichte wird von Menschen gemacht. Geht das jetzt da

oben rein?“ Er tippte sich an die Stirn. „Von Menschen! Nicht von irgendwelchen irrationalen Kräften. Nicht von der Zeit, nicht von den Dinosauriern oder Uhus. Von Menschen! Wenn ich Ihnen einen gut gemeinten Rat mit auf den Weg geben darf: Sie sollten besser im Geschichtsunterricht aufpassen!“
Wir taten wirklich alles, um dieses linke Fossil zu bremsen. „Schscht!“ oder „Jetzt seien Sie doch endlich mal ruhig!“ Nichts zu machen! Was schämten wir uns!
„Sie glauben doch nicht, dass ich mich auf diesem Niveau mit Ihnen auseinandersetze?“, entgegnete Louise mit vollendeter Souveränität.
„Nein, das glaube ich in der Tat nicht. Weil Sie da ganz empfindlich an Ihre Grenzen stoßen würden. Und wer gibt so etwas gerne zu! Da verschanzt man sich dann lieber hinter einer Fassade von Arroganz und Vornehmheit. Ich verstehe das, wirklich, mir ist nichts Menschliches fremd, das dürfen Sie mir glauben. Schließlich war ich lange genug an einer ***staatlichen Schule***.“
„Bitte, bitte, bitte, bitte, wenn Sie einen Briefwechsel mit einem unserer Anwälte wünschen – wir können uns die besten Anwälte leisten, die es gibt, das dürfen ***Sie mir*** jetzt glauben! Und dann erklären Sie mal Ihrem Vorgesetzten, dass Ihre Zeitung wegen Ihrer unbedachten Äußerungen in ein schiefes Licht gerät ...“
„Dass ihr euch hier die größten Staranwälte leisten könnt, glaube ich aufs Wort. Und euer Staranwalt will mir dann Nachhilfe in Geschichte geben?“
Louise tat das Beste, das sie tun konnte: Sie überging ihn ganz

souverän und setzte ihren Vortrag fort.
„Zu unserem Internat Schloss Leuchtenberg gehört auch ein umfangreiches Angebot, das über die eigentlichen schulischen Fächer hinausgeht.“ Kunstpause.
„Also Freizeitgestaltung?“, fragte die Journalistin.
„Bitte, bitte, meine Dame“, protestierte Louise höflich, aber resolut. „Darauf wollte ich ohnehin hinaus, Ihre Frage war also auch in dieser Hinsicht überflüssig. Ja, Freizeitgestaltung. Wiewohl man nicht von Freizeit sprechen sollte, einem, beiläufig bemerkt, heutzutage zumindest problematischen Begriff, der unser Land doch im Konkurrenzkampf mit den asiatischen Wirtschaftsmächten unbestreitbar in eine Sackgasse geführt hat. Sagen wir besser: Weiterbildung. Von der Aneignung einer umfassenden Allgemeinbildung, von wichtigen Grundlagen für die Zukunft, für Studium und Beruf. Für künftige Führungspositionen, auf die wir hier sorgfältigst vorbereitet werden. Schloss Leuchtenberg scheut dafür weder Kosten noch Mühe.“
Eure Eltern auch nicht, dachte ich voller Bewunderung. Aber ganz klar: So etwas sagt und schreibt man nicht. Das ist nicht das Wesentliche. Das verstand sich ohnehin von selbst.
„Unsere Angebote sind äußerst vielfältig. Ich beispielsweise gehöre der Jugendorganisation einer großen Volkspartei an, wurde gerade zur deren stellvertretenden Frauenbeauftragten gewählt, bin Mitglied des Arbeitskreises Innerschulische Kommunikation hier auf Schloss Leuchtenberg, beschäftige mich mit fernöstlicher Philosophie und nehme regelmäßig an Poetry Slams teil, wo ich schon mehrere Preise gewonnen habe.

Meine Mitschülerin Petra, die den Ausschuss für Öffentlichkeitsarbeit leitet, belegt Leistungskurse in Deutsch, Physik, Philosophie, Geschichte und Powi, also Politik und Wirtschaft, bei dem der Schwerpunkt selbstredend auf dem Themenfeld Wirtschaft liegt; dazu gastiert sie regelmäßig in staatlichen Schulen bei Infoveranstaltungen zum Thema 'Frauen in der Bundeswehr – neue Chancen für eine neue Generation' und koordiniert Gastauftritte renommierter Referentinnen auf Schloss Leuchtenberg. Außerdem engagiert sie sich im örtlichen Geschichtsverein sowie im Tierschutzverein und fährt jeden Tag eine querschnittsgelähmte Seniorin im Rollstuhl spazieren. Für heute Abend hat sie uns zum Beispiel einen ganz außergewöhnlich hochrangigen Referenten vermittelt, Professor Dankwart, der uns einen Vortrag mit dem provozierenden Titel 'Zeitgemäße Wirtschaftspolitik – Die Wiedergeburt des Nachtwächterstaats' halten wird."

„Dankwart? Der renommierte Hamburger Wirtschaftswissenschaftler Egon Dankwart? Der 'Geld-Dankwart'?", fragte ein Kollege.

Schon resigniert (immer diese nervigen Zwischenfragen!) antwortete Louise: „Sie haben recht, genau der! Diese Koryphäe von Weltgeltung gibt uns die hohe Ehre ihres Auftritts. Dass für die gesamte Schulgemeinde der Besuch einer so hochkarätigen Veranstaltung verbindlich ist, versteht sich ja wohl von selbst. Angemessene Kleidung ist zu solchen Anlässen ohnehin selbstverständlich, das gehört zu unserem Bildungsauftrag, eine Schülerin von Schloss Leuchtenberg möchte ja

nicht in der Gosse enden oder an der Kasse bei ALDI."
Allmählich tauten wir auf und begannen, uns an den Getränken und Häppchen zu bedienen. Und ja, bei ALDI saßen manchmal schon äußerst primitive Menschen an der Kasse.
„Sie verstehen, dass es bei uns auf Schloss Leuchtenberg, an dieser Brutstätte der künftigen Elite, wie ich in aller Bescheidenheit sagen darf, entscheidend auf ein gutes Timing ankommt. Aufstehen ist im Internat um 6:30 Uhr, Frühstück um 7:20, um 7:45 findet eine kurze interreligiöse Morgenandacht statt, anschließend ist der Schultag in 13 Unterrichtsstunden à 45 Minuten aufgeteilt. Zehn Minuten Pause nach jeder zweiten Stunde, für Wechsel der Unterrichtsräume und, na, ja, Sie wissen schon. In der 7. Stunde findet kein Unterricht statt, da essen wir alle gemeinsam an einer großen Tafel zu Mittag. Nach dem Abendessen ziehen wir uns in unsere Zimmer zurück, zur häuslichen Vor- und Nachbereitung des Unterrichts, zur Vertiefung des Gelernten. Dafür sind dann noch einmal drei Zeitstunden vorgesehen. Und ich sage Ihnen: Das nehmen wir alle ernst. Denn bei uns werden Klausuren grundsätzlich nicht vorher angekündigt, dazu hat der Schülerrat einstimmig sein Okay gegeben. Wir müssen jederzeit darauf vorbereitet sein, unerwartet Höchstleistungen abzurufen, es ist nur zu unserem Besten. Letzten Sonntagnachmittag zwischen 16 und 19 Uhr hat unser Leistungskurs evangelische Religion seine erste Klausur dieses Schuljahrs geschrieben ..."
„Und das halten alle durch? Ich meine: auch körperlich?", rief einer von uns.

„Schauen Sie sich doch einmal in der Welt um! Was bleibt uns denn sonst übrig? Der Konkurrenzkampf ist hart und nur der Starke kommt nach oben! So ist es nun einmal, da mögen die Romantiker aller Couleur schwatzen, was sie wollen! Aber ich versichere Ihnen, dass wir auf Schloss Leuchtenberg trotzdem menschlich bleiben."

Das stimmte. Dafür hatte sie ja bereits genug Beispiele geliefert.

„Wenn Sie mir nun folgen möchten ..."

Sie führte uns durch einen etwas düsteren langen Flur mit einigen Topfpflanzen, vorwiegend Palmen. Wie konnten die hier mit so wenig Licht gedeihen, waren sie – ? Richtig, sie waren künstlich. Aber täuschend echt sahen sie aus, wirklich täuschend echt. Louise wies auf eine Art Straßenschild mit der Aufschrift „Palmengarten".

Am Ende des Gangs schloss sie einen großen Versammlungsraum mit dreizehn oder vierzehn Stuhlreihen auf und bat uns, in der vordersten Reihe Platz zu nehmen. Wir schauten uns um. Die Wände waren in dezentem Ocker gehalten und überall hingen große Fotos von Hundebabys, ein Tier war niedlicher und knuddeliger als das andere.

„Schauen Sie sich nur in Ruhe um! Zeit ist Geld, aber trotzdem … Hier, in diesem Saal, halten wir unsere täglichen interreligiösen Morgenandachten ab und hier finden auch die Gastvorträge statt ..."

Wir saßen da und staunten. Vorne das obligatorische Rednerpult, daneben eine Bodenvase mit weißen Lilien. Die übliche Ausrüstung mit Beamer und Projektionswand. Ein klein wenig

zerschlissen erschienen uns die Poster mit den Hundebabys ja, jedenfalls, wenn man zu genau hinsah. Aber gut, wer hier saß, sollte sich auch auf andere Dinge konzentrieren. Auf wichtigere Dinge. Journalisten lernen schnell.
„Wenn ich Sie wieder bitten dürfte ..."
Erneut durchschritten wir einen dunklen Flur. Diesmal standen dort keine Palmen, sondern Kakteen. Und natürlich: künstlich. Ich konnte nicht anders, ich befühlte sie. Samtweich.
„Daran könnte sich nicht mal ein Säugling weh tun, nicht?", lachte Louise. „Eigentlich sollten wir einen solchen Kaktus ins Wappen von Schloss Leuchtenberg aufnehmen. Aber das zeigt ja einen Löwen. Mit Riesenmähne und gefletschten Zähnen. Zeitgemäß ist das ja nicht, aber Tradition eben, Sie verstehen … Gehen wir ins Rechen- und Kommunikationszentrum!"
Als wir verwundert blickten, lachte sie. Wie schön, dachten wir, sie taute zusehends auf, schließlich erkannte sie ja, dass wir keine Gefahr für sie darstellten!
„Lassen Sie sich einfach überraschen! So etwas haben Sie noch nicht gesehen! Jedenfalls nicht in Deutschland. In den USA sind sie uns auch in dieser Hinsicht einen Schritt voraus!"
Wir betraten einen verdunkelten großen Raum mit zahlreichen Monitoren. Was gab es auf denen zu sehen? Unterrichtsräume, selbstverständlich mit einem PC an jedem Schülerplatz, Arbeitszimmer, die Mensa, Flure, Außenbereiche. Überall arbeiteten Schülerinnen und, vereinzelt, auch Schüler. Es stimmte, das weibliche Geschlecht war auf Schloss Leuchtenberg deutlich in der Mehrheit.

Zwei Schülerinnen beobachteten das Geschehen auf den Monitoren. „Victoria von Muterburg und Franziska Kroll vom Schülerrat“, stellte Louise sie vor.
„Ja, ist denn hier alles videoüberwacht?“, entfuhr es einem von uns. „Entschuldigen Sie vielmals“, fügte er hinzu, „aber ich bin schon erstaunt … Nicht, dass ich ...“
„Wenn Sie doch nur nicht so ungeduldig wären!“, rief Louise ungehalten. „Solche Fragen darf man einfach nicht stellen! Und: Natürlich sind hier ***nicht*** alle Bereiche videoüberwacht! Toiletten und sanitäre Anlagen zum Beispiel sind nicht videoüberwacht, was glauben Sie denn? Und in den Privatzimmern schaltet sich die Videokamera zwischen 23 und 6 Uhr automatisch aus. Jeder Mensch hat doch das Recht auf seine Privatsphäre!“
„Und der Schülerrat hat hier die Aufgabe, die Mitschüler zu kontrollieren?“, krächzte der pensionierte Deutschlehrer. „Seltsam, normalerweise vertritt der doch die Interessen der Schüler!“
„Aber das tun wir hier doch gerade!“, rief Victoria von Muterburg verblüfft aus.
„Victoria, don't feed the troll!“, sagte Louise halblaut. „Aber um Ihre Frage zu beantworten: Besser kann man die Interessen der Schüler doch gar nicht vertreten als auf diese Weise! Alles andere wäre nicht zeitgemäß!“
„Moment mal“, zischte Franziska Kroll.
„Oh, oh“, grinste Victoria, „mit der sollte man sich besser nicht anlegen ...“

Franziska gab irgendetwas in eine Tastatur ein und rief in ein Mikro: „Oliver Klein, Kursstufe Q1, du vernachlässigst schon wieder deine Aufgaben! Willst du im neuen Schuljahr genauso weitermachen, wie du im letzten aufgehört hast? Wir erwarten auf Schloss Leuchtenberg schon etwas Mühe und Konzentration. Vor allem Konzentration!“

„Der gehört definitiv auf eine staatliche Schule“, murmelte Louise verächtlich. „Immer noch Kinderkram im Kopf. Mit fast sechzehn!“

„Und das hören jetzt alle?“, konnte ich mich nicht zurückhalten zu fragen.

„Klar“, sagte Louise. „Schadet doch auch nichts! Freiwillige Selbstkontrolle! Haben wir im Schülerrat vor zwei Jahren beschlossen. Einstimmig. Eingeführt worden ist das System – das ja immerhin nicht ganz billig ist – durch eine Spendenaktion beim letzten Weihnachtskonzert des Schulchors.“

Franziska starrte unentwegt auf die Monitore. Bald auf den einen, bald auf den anderen.

„Sag mal, eines verstehe ich nicht ...“, sagte sie jetzt, „wo ist eigentlich Sybille Jamann?“

„Vor zwei Stunden war sie auf der Toilette“, sagte Victoria. „Habe ich nachgeprüft.“

„Wie denn das?“, fragte ein Journalist. „Ich denke, Toiletten sind ...“

„Nicht videoüberwacht, nein“, erklärte Louise. „Aber jede Schülerin und jeder Schüler hat dazu immer noch ein kleines Meldegerät bei sich. Ein iPad, auf dem eine Kontroll-App mit

GPS installiert ist. In den USA entwickelt, klar, wo sonst!? Mit dieser Kontroll-App kann man jederzeit nachprüfen, wo sich jemand gerade aufhält und ob sie oder er konzentriert arbeitet oder sich mit irgendwelchen Nebendingen beschäftigt. Sehr effektiv, wirklich, Sie haben ja in unserem kleinen Deutschland gar keine Vorstellung, was es heute so alles gibt. – Und seitdem habt ihr nicht nachgeprüft, wo Sybille steckt?"

„Wo sie doch sonst so zuverlässig ist! Arbeitet immer mehr, als sie muss ..."

„Das ist allerdings richtig. Ihre Arbeitshaltung ist in der Tat vorbildlich."

„Ich will doch gleich mal Sybilles Kontroll-App aufrufen", sagte Franziska. Sie gab wieder etwas in eine Computertastatur ein und auf einem bis dahin schwarzen Monitor erschien eine kurze Mitteilung.

„Immer noch auf der Toilette", rief sie aus. „Ja, ist die dort eingeschlafen?"

„Ruf doch mal ihre Konzentration ab!", sagte Victoria.

„Bin schon dabei. Hm – also das ist jetzt komisch – da stimmt doch was nicht ..."

„Wieso?"

„Na, weil überhaupt keine Rückmeldung über die Intensität ihrer Konzentration kommt. Einfach nichts. Null. Komisch, diese Geräte sind doch absolut pannensicher ..."

„Vielleicht doch nicht so ganz?", sagte unsere Kollegin.

„Nein, auf keinen Fall – was verstehen Sie denn davon?", keifte Louise. Dann wurde sie wieder nachdenklich. „Wenn kein

Signal kommt, dann – dann – Also entschuldigen Sie mich einen Augenblick, ich schaue mal nach!"

Sie rannte los und wir, was wir konnten, hinterher. Durch mehrere Gänge, quer durch den Versammlungsraum mit den kuscheligen Hundebabys an den Wänden, wieder durch einen Flur mit ein paar künstlichen roten Rosen und dem Straßenschild „Rosengarten" und zur Tür der Mädchentoilette. Sie stürzte hinein und wir folgten ihr.

„Ich bitte Sie", rief sie, „das ist doch eine Mädchentoilette!"

„Wenn etwas passiert ist ...", keuchte einer von uns Journalisten.

Eine Tür war verschlossen. Von innen zugesperrt. Louise rüttelte an ihr. „Sybille! Sybille! Ist etwas nicht in Ordnung?"

Keine Antwort.

„Sybille! Mach doch auf! Ich bin's, Louise!"

Ich eilte in die Nachbarkabine, stieg auf die Toilette und schaute über die Trennwand hinüber. Da lag das Mädchen, regungslos und völlig bekleidet. Die war nicht hierhergekommen, weil sie eben mal musste.

„Um Gottes Willen, rufen Sie einen Notarzt! Und irgendwie muss doch die verdammte Tür ..."

In vollendeter Gelassenheit zückte Louise einen Schlüssel und schloss auf.

„Lassen Sie mich!", rief der pensionierte Deutschlehrer. „Ich habe bis vor einem Jahr die Schulsanitäts-AG betreut! Ja, habt ihr denn so etwas hier nicht in diesem Nobelschuppen? Ist der Notarzt gerufen?"

„Ja doch, habe ich gerade“, knurrte ein Kollege.
„Also ich fürchte – ich fürchte ...“
Er fühlte den Puls.
„Nichts. Wenn sie nur nicht ...“

*****

Eine Viertelstunde später besaßen wir Gewissheit. Sybille Jamann war tot. Alles deutete darauf hin, dass sie eine ganze Packung Schlaftabletten geschluckt hatte.
Unverzüglich hatte Louise sämtliche Schüler von Schloss Leuchtenberg vor die Mädchentoilette gerufen. Auch in dieser Situation bewahrte sie ihre Fassung und ihre Umsicht. In der Tat: Sie drängte sich für höhere Aufgaben geradezu auf.
„Hallo, ihr Lieben“, erklärte sie mit sanfter Stimme. „ich muss euch leider mitteilen, dass unsere Mitschülerin Sybille Jamann soeben verstorben ist.“
Betretenes Schweigen. Einigen Mädchen standen die Tränen in den Augen. Aber alle diese adrett gekleideten jungen Menschen bewahrten Haltung.
Louise ergriff wieder das Wort. Sanft, aber gefasst und selbstsicher.
„Ich verfüge hiermit, dass in dieser besonderen Situation alle schulischen Arbeiten für zehn Minuten unterbrochen sind, damit wir ausreichend Zeit haben, uns von Sybille würdig zu verabschieden und Kerzen und Blumen an ihrem Sterbeort niederlegen können.“

Ein wildes Rennen setzte ein, chaotisch und doch irgendwie koordiniert. Und schon wenige Minuten später kehrten viele Mitschüler Sybilles zurück und legten vor der Tür der Toilettenkabine, in der sie gestorben war, allerlei künstliche Blumen nieder, Tulpen, Osterglocken, einen kleinen Kaktus und vieles andere. Auch Kerzen wurden hingestellt und angezündet. Ein Mädchen schleppte sogar einen großen Stoffhasen herbei.
Schweigend, eisern um ihre Fassung kämpfend, standen jetzt alle da.
Bis Louise nach einem Blick auf ihre Uhr wieder das Wort ergriff.
„Ihr Lieben, ich danke euch im Namen der gesamten Schulgemeinde von Schloss Leuchtenberg für eure überwältigende Anteilnahme. Wir werden Sybille eine würdige Trauerfeier organisieren; für die werde ich meine Kontakte spielen lassen, und wenn wir Glück haben, können wir den bayerischen Ministerpräsidenten Seehofer als Trauerredner gewinnen."
Ehrfürchtiges Gemurmel unter den versammelten Schülern.
„Was aber das Wichtigste ist, liebe Mitschülerinnen und Mitschüler: Wir werden Sybille für alle Zeiten ein ehrendes Andenken bewahren. Leider hatte sie, wie der Notarzt andeutete, ein schwaches Herz, möglicherweise einen nicht erkannten Herzfehler … Aber jetzt, ihr Lieben, lasst uns wieder an unsere Arbeit gehen! Auf geht's, Mädels! Tut's für ***sie***!"
Mit wieder erwachter Entschlossenheit setzten sich die anderen in Bewegung. Eindrucksvoll, diese eiserne Selbstdisziplin!
Zwei Minuten später standen nur noch Louise und wir neun

Pressevertreter vor der Mädchentoilette.
„Meine Dame, meine Herren“, sagte Louise, „ich muss Sie sicher nicht an Ihre journalistische Sorgfaltspflicht beim Berichten über gewisse Details erinnern – und auch nicht daran, dass wir hier in Schloss Leuchtenberg zwei vorzügliche Anwälte für eventuelle juristische Auseinandersetzungen zur Verfügung haben ...“

*****

Es war wie bei einer großen Tragödie im Theater: Sie erschüttert und läutert zugleich. Und was wir gerade miterlebt hatten, hatte uns ebenso erschüttert wie geläutert.
Was gab es da noch zu reden!
In tiefem Schweigen verließen wir Schloss Leuchtenberg.
Nur der pensionierte Deutschlehrer, dieser Filzlatschen-Revoluzzer, konnte natürlich wieder seinen Mund nicht halten.
„So eine blasierte Kuh – meint, uns Scheiße als Schokolade andrehen zu können! Weil wir ja so dumm sind, dass wir brummen ...“
Alleine diese Wortwahl! Ohnehin redet man sich in unserer Zeit doch so schnell um Kopf und Kragen!
Er konnte von Glück sagen, dass ihm niemand zuhörte. Niemand von uns. Und auf Schloss Leuchtenberg erst recht niemand. Dort war man der Zukunft zugewandt und hatte weiß Gott Wichtigeres zu tun.

Die Rüstkammer

Eine Geschichte aus dem finsteren Mittelalter

Für Jan Gengenbach

Graf Liutprand, ein junger ostgotischer Adliger, Berater am Hof des Langobardenkönigs Authari, unternahm im Juni des Jahres 586 mit vier Mann Gefolge eine lange und aufwändige Reise zu Pferd ins Reich der Franken, deren König er eine Botschaft überbringen sollte. Seine erste große Reise – bis dahin hatte er nur kleinere Ausritte mit Gleichaltrigen unternommen.

Um zu den Franken zu gelangen, hatte er die Alpen zu überqueren; das kostete Zeit und war nicht ungefährlich, selbst jetzt, Ende August. Zum Glück waren die alten Römerstraßen noch ganz gut erhalten. Wenn nur die Reise nicht so öde gewesen wäre! Stundenlange Umwege musste er wegen der ausgedehnten Fiebersümpfe im Etschtal in Kauf nehmen, eine Kurve nach der anderen, schier endlos. Und niemand da, mit dem er sich vernünftig unterhalten konnte! Sein Gefolge? Gott behüte!

Endlich bog die Straße ins Eisacktal ab und Liutprand atmete auf. Allerdings nicht lange, denn der Weg stieg nun steil an, um die tiefen Schluchten zu umgehen. Zwar war die Luft gleich um einiges frischer und angenehmer und es gab auch keine Stechmücken mehr, die Malaria übertragen konnten. Aber sein Pferd keuchte und quälte sich zum Gotterbarmen die Steigungen

hinauf, sodass sie nur langsam vorankamen. Und dann erst die Abgründe, an denen es Ross und Reiter schwindlig wurde! Wenn sein Gefolge etwas von seiner Höhenangst mitbekommen hätte – nicht auszudenken! Sein Ruf wäre auf Ewig ruiniert gewesen.
Überhaupt war diese verdammte Reise eine einzige Strapaze. Wenn er sich abends, nach einem Ritt von vielen Stunden, aus dem Sattel quälte, taten ihm sämtliche Knochen weh – das war doch etwas anderes als ein kleiner Ausflug in der Ebene. Und dann erst die Übernachtungen! Hier war es nichts mit komfortablen Schlössern und Adelssitzen, wo dem hohen Herrn jeder Wunsch von den Augen abgelesen wurde, hier konnte er froh sein, wenn er überhaupt ein Dach über dem Kopf hatte. Von den letzten drei Nächten hatte er zwei im Freien verbringen müssen, immer in angemessener Entfernung von seinem Gefolge. Eine bei mildem Wetter unter klarem Sternenhimmel, die andere in drückender Schwüle, die die ganze Nacht über nicht abnahm, bis ihn gegen Morgen auch noch ein heftiger Gewitterguss bis auf die Haut durchnässte. Ein Wunder, dass er sich nicht erkältet hatte!
Dabei war die dritte Nacht die allerschlimmste. Zuerst atmete er auf, als sie am späten Nachmittag in einem abgelegenen Kloster unterkamen. In der Hoffnung, endlich wieder einmal tief schlafen zu können, folgte er der Abendandacht – lästig, lästig – sogar um einiges aufmerksamer als sonst, was auch nicht so schwierig war, denn hier gab es nur Tattergreise in weiten Kutten und keine verführerischen jungen Damen. Selbst das

Vaterunser betete er fast fehlerfrei. Aber das Abendessen, das ihm ein besonders dicker Mönch servierte, spottete jeder Beschreibung, und sein Strohlager war so schmutzig und verwanzt, dass er sich ins finsterste Altertum zurückversetzt fühlte.

Ja, wer war er denn, dass er sich das alles antun musste! Wussten diese Hinterwäldler nicht, dass sie einen ***Grafen*** vor sich hatten? Aber das schien sie gar nicht zu interessieren. Vor Gott sollten alle Menschen gleich sein? Lächerlich! Am liebsten wäre er kurzerhand weitergeritten, in die Dunkelheit hinein, aber das hätte die Mönche sicher verstimmt, und wer konnte wissen, wie die sich dann womöglich rächten! Gerade über derlei abgelegene Bergklöster kursierten die gruseligsten Geschichten! Und sein Gefolge hatte sowieso nur Fressen, Saufen und Huren im Kopf, auf das konnte er sich nun wirklich nicht verlassen.

Was nun konnte er heute erhoffen, in diesem wilden Tal ohne auch nur einen einzigen ebenen Fleck? Missmutig ritt er weiter, ständig bergauf. Sicher gab es hier allerlei Raubtiere und auch Wegelagerer. Konnte nicht hinter jeder Kurve eine Gefahr lauern? Nein, auf gar keinen Fall wollte er hier im Freien übernachten!

Wie atmete er auf, als er gegen Abend einen großen Bauernhof erreichte, ein für die Gegend recht repräsentatives Gebäude, eigentlich schon eher einen Gebäudekomplex. Da sollte doch genug Platz für einen hochadligen Gast sein! Wobei diese Bergbewohner sich eigentlich hätten geehrt fühlen müssen,

einen leibhaftigen Grafen zu beherbergen. Ob es sich überhaupt schon bis in diesen gottvergessenen Winkel herumgesprochen hatte, was das war, ein Graf? Nun, gut, schlimmer als im Kloster konnte es wohl nicht werden. Also entschloss er sich, bei dem Besitzer des Gutshofes nachzufragen, ob man ihm ein Nachtlager bieten könne.
Entschlossen ritt er auf den Hof zu, vorbei an grasenden Kühen, meckernden Ziegen und keifenden Gänsen. Vielleicht wohnte hier sogar jemand von adligem Geblüt? Der ihm gesellschaftlich zwar nicht ebenbürtig, aber zumindest nicht grenzenlos unterlegen war, sodass er sich ein wenig mit ihm unterhalten konnte? Seinesgleichen fand er hier sicher nicht, das war ihm klar, aber in dieser Einöde war er zur Not durchaus bereit, gewisse Zugeständnisse zu machen.
Das Tor wurde geöffnet, noch bevor er den Türklopfer betätigen konnte, und ein bäuerlich gekleideter, grauhaariger Mann öffnete ihm.
„'n Abend“, brummte Liutprand, „führe mich zu deinem Herrn!“
Der Alte lachte über das ganze Gesicht.
„Zu meinem Herrn? Ich fürchte, edler Herr, das kann ich nicht. Es gibt Dinge zwischen Himmel und Erde ...“
„Wieso kannst du das nicht?“ Zu Hause hätte Liutprand einem so unverschämten Untergebenen mit der Faust Manieren beigebracht.
„Weil es nicht geht!“ Himmelherrgott, was hatte dieser Bergschrat so blöde zu lachen?
„Und warum geht es nicht?“

Das Gekicher des Alten klang fast schon wie Ziegengemecker. „Weil ich Euch nicht zu mir selbst führen kann!“

„Verzeiht“, zwang sich Liutprand zu sagen, „ich wusste nicht ...“

Der Gutsbesitzer oder Bauerntrottel (Liutprand war sich noch nicht sicher, welche Bezeichnung denn nun auf den Alten passte) musterte amüsiert erst den Fremden in seiner kostbaren, aber ziemlich verstaubten Kleidung, dann das Gefolge, das respektvoll ein Stück zurückgeblieben war, und schließlich seine eigene Bauernkleidung und seine schmutzigen Hände. „Kein Problem, da gibt es nichts zu verzeihen! Schon vergessen!“

Liutprand riss sich zusammen. „Gestattet, dass ich mich vorstelle, ich bin ...“

„Ihr sucht ein Nachtlager?“, unterbrach ihn der Alte. „Das kann ich verstehen. Hier in den Bergen ist es nicht geheuer, es gibt Bären und Wölfe und allerlei Raubgesindel, Einsiedler, Irre, vor allem Irre, die ihren Verstand verloren haben, sofern sie je einen hatten – es gibt Dinge zwischen Himmel und Erde ... Bitte tretet ein und fühlt Euch wie zu Hause, wenn es Euch möglich ist! Auch für Euer Gefolge soll bestens gesorgt werden!“

Ja, ja, schon gut!

„Habt Dank, Ihr seid ...“

„Ach, kein Problem“, lachte der Alte, „früher war es hier in dieser Gegend weitaus lebhafter, aber da kamen viele vorbei, die man nicht so gerne sah. Und heute bin ich froh, wenn sich überhaupt mal jemand in diese Einöde verirrt. Gesellschaft ist mir immer willkommen. Ihr sollt Euch nicht über meine Gastfreundschaft beklagen, Ihr sollt Euch wirklich nicht beklagen – Ihr wärt übrigens der Erste, der das täte."

Seltsam – der Alte schwatzte so freundlich, aber irgendetwas stimmte hier nicht. Lag es an seinem sonderbaren Akzent, einem seltsamen Singsang, wie ihn Liutprand noch nie gehört hatte? Und was hatte er ständig zu kichern? Nun, gut, hier in den Bergen, wo sich Fuchs und Hase gute Nacht sagten, war vieles anders. Da durfte man keine Maßstäbe aus der Hauptstadt anlegen, soviel stand fest.

„Darf ich Euch vom Pferd helfen, edler Herr?"

„Danke, ich schaffe das schon alleine." Wofür hielt ihn dieses Landei eigentlich?

Jetzt erst fiel Liutprand auf, wie kleinwüchsig der Alte war. Fast schon ein Zwerg.

„Kommt herein, Ihr müsst hungrig und durstig sein! Macht es Euch bequem! Ihr sollt Euch nicht zu beklagen haben, noch niemand, der meinen Hof verlassen hat, hat sich beklagt. Dabei gibt es Dinge zwischen Himmel und Erde … Vergesst alle Reisestrapazen und lasst es Euch gut gehen, auch wenn ich Euch keine Genüsse wie in der Stadt bieten kann! Ihr müsst eben den römischen Luxus einfach mal vergessen, dann werdet Ihr schon zufrieden sein!"

Liutprand wurde in eine überraschend große, wenngleich ziemlich dunkle Stube geführt und beschloss, sich leutselig zu geben, Standesgrenzen hin oder her. „Ach, manches von dem, was Ihr römischen Luxus nennt, kann man wirklich vergessen!"

Beide lachten vergnügt. Aber im nächsten Augenblick zuckte

der Graf zusammen. In der dunkelsten Ecke der Stube, die nur durch einige kleine Fensteröffnungen und Kerzen beleuchtet wurde, entdeckte er einen riesigen, zähnefletschenden Wolf. Ausgestopft, wie er nach einer Schrecksekunde feststellte. Und auf dessen Rücken kauerte ein gleichfalls ausgestopftes Murmeltier.
„Wie im richtigen Leben – nur vergessen das die Wölfe so oft“, kicherte der Alte. „Der hier, der war eine wahre Bestie, hat sich immer wieder mal ein Schaf oder eine Ziege von mir geschnappt, der gefräßige Bursche, das habe ich ihm nicht vergessen. Na, und eines Tages habe ich das Vieh eben eigenhändig erlegt. Das hättet Ihr mir nicht zugetraut, wie? Tja, und seitdem steht er hier ausgestopft und staubt ein und keiner hat mehr Angst vor ihm. Das ist der Lauf der Welt.“
Die nächste Stunde verbrachten beide bei einer Mahlzeit, deren Üppigkeit den Grafen denn doch überraschte. Gut, es gab nichts Raffiniertes, Ausgefallenes, wie es Liutprand aus städtischeren Gebieten Italiens kannte, schon gar nichts Exotisches, sondern Brot, Speck, Käse und einen kräftigen Rotwein. Zugegeben fehlten dem einige erlesene Gewürze, er schmeckte eben – nun, wie ein ordentlicher Tischwein für das einfache Volk. Aber wenn man seine Ansprüche zurückschraubte, konnte man schon zufrieden sein. Und Liutprand musste mit einem gewissen Widerwillen zugeben, dass der Gastgeber sich große Mühe gab. Er saß die ganze Zeit bei seinem Besucher, plauderte vergnügt und so hätte sich der Gast eigentlich wohl fühlen müssen, wenn – ja, wenn nicht der ständige ironische Unterton gewesen wäre.

Ab und zu erschien ein schwarzhaariger Knecht, ähnlich klein wie der Gastgeber, und bediente sie. Ohne auch nur ein Wort zu sprechen. Dem Grafen war das recht, da brauchte er sich nicht mit diesem Domestiken abzugeben. Jede Modenarrheit wollte er denn doch nicht mitmachen. Darüber war man sich in seinem adligen Freundeskreis in erfreulichem Maß einig.
Als er zufällig aus einer Fensteröffnung blickte, bot sich ihm ein eindrucksvolles Bild.
Im Osten erhob sich ein alles überragendes Bergmassiv aus riesigen hellen Felsen, die jetzt, wo gerade die Abenddämmerung einsetzte, in unbeschreiblich zartem Rosa erstrahlten. Liutprand war wie festgezaubert, noch nie hatte er etwas Vergleichbares gesehen.
„Schön, schön, nicht?“, sagte sein Gastgeber, wie seinem Besucher schien, ironischer als je zuvor. „Und nur, weil der alte König Laurin so vergesslich war. Oh, Könige sind vergesslich, die sind die vergesslichsten Menschen der Welt – was glaubt Ihr, wen und was die Könige dieser Welt schon alles vergessen haben!“
„Laurin, Laurin … König Laurin ... An den Namen erinnere ich mich ganz dunkel, aber ich weiß jetzt nicht ...“
„Weil die anderen Menschen auch nicht viel weniger vergesslich sind! Oft haben sie damit ja recht, denn das meiste, das auf der Welt geschieht, kann man getrost wieder vergessen. Ich will es Euch kurz erzählen. König Laurin hatte vor einiger Zeit ein großes Reich in den Bergen hier, aber dummerweise legte er sich mit dem damals mächtigsten Herrscher weit und breit an,

mit dem Ostgotenkönig Theoderich. Wegen einer Frau! Weswegen denn sonst? Die Menschen sind eben alle gleich! Na, ja, es kam, wie es kommen musste: Laurin unterlag und verfluchte seinen Rosengarten ..."
„Rosengarten?"
„Seht Ihr, ich darf gar nichts über Könige sagen. Wenn ***meine*** Vergesslichkeit Maßstab ist, bin ich ein König. König Laurin hatte ganz oben zwischen den Felsen, die Ihr hier leuchten seht, einen wunderbaren Rosengarten, das Schönste, das ein Mensch je gesehen hat ..."
„Ein Rosengarten? Da oben? In dieser Höhe sollen Rosen gewachsen sein? Und überhaupt: Wie käme man da hinauf? Da kann doch kein Mensch mehr atmen!"
„Ich sage Euch, es gibt Dinge zwischen Himmel und Erde ... Ja, als Theoderich den alten Laurin in die Gefangenschaft abführen und später wie einen gemeinen Verbrecher im Kerker erdrosseln ließ, als er ihn überall als Zwergenkönig verspotten ließ – da belegte der ***Zwergenkönig Laurin*** den Rosengarten mit einem Fluch: Weder bei Tag noch bei Nacht solle künftig ein Menschenauge diese Pracht wahrnehmen, sondern nur noch nackten Fels sehen. Und nun kommen wir zu seiner Vergesslichkeit: Er vergaß die Dämmerung! Tja, so kommt es, dass wir jetzt, während die Sonne untergeht, für kurze Zeit den rosafarbenen Schein der verzauberten Rosen oben in Laurins Garten wahrnehmen können. Noch wenige Minuten, dann ist es vorbei und Ihr seht wieder nichts als Fels."
Es stimmte, das zauberhafte Leuchten verblasste zusehends.

Der Gastgeber schenkte Wein nach.
„So ist es mit der Vergesslichkeit. Laurin ist vergessen, Theoderich lebt nur noch in dümmlichen Sagen als Dietrich von Bern weiter, als edler Recke, dabei hat er in Wahrheit Freund und Feind verraten und hinterrücks umgebracht. Die Römer aus Konstantinopel, die sich hier kurze Zeit als große Herren aufspielten, sind auch längst vergessen und können froh sein, ihr Gebiet drüben in Kleinasien und auf dem Balkan zu halten, in Italien kräht kein Hahn mehr nach ihnen. Und von den vielen Völkern, die in den letzten 100, 200 Jahren kreuz und quer durch Europa zogen und sich als Herrenmenschen aufspielten, wollen wir gar nicht reden.
Ihr draußen in der Ebene habt Laurins Volk längst vergessen und denkt nicht im Traum daran, dass es noch existiert, schon gar nicht daran, dass es nur auf den Augenblick warten könnte, in dem es sich rächen kann, blutig rächen, so fürchterlich rächen, dass das dann niemand vergessen wird. Ich sage Euch, es gibt Dinge zwischen Himmel und Erde … Und wenn einmal wieder ein Frankenkönig zu größerer Macht kommt, wird er auf der Straße, die Ihr jetzt benutzt, zu uns kommen und dann werden die Langobarden bald vergessen sein. Oder nur noch in Spottliedern weiterleben, als Lombarden oder Lumpbarden. So wird alles vergessen – sagen wir: fast alles, nur fast alles … Vergesst mir nur das Trinken nicht, ich bitte Euch, Ihr könnt nach dem anstrengenden Tag noch ein Schlückchen vertragen! Oder auch zwei!“
Der Alte redete in seinem sonderbaren Singsang so fröhlich, so

treuherzig – und doch wurde es Liutprand immer unheimlicher. Warum erzählte ihm sein Gastgeber all das? Dazu dieses sonderbare Philosophieren über das Vergessen! Und über die Dinge zwischen Himmel und Erde! Hatte dieser Bergbewohner in der Nachbarschaft von Bären, Wölfen und Murmeltieren denn vor nichts und niemandem Respekt, dass er über alles seine halb ironischen Bemerkungen machte? Selbst über Könige? Oder war das mehr als nur Spott und Ironie? Womöglich versteckte Drohungen? Die Anspielungen auf eine bevorstehende blutige Rache – was hatten sie zu bedeuten?
„Ihr seid müde von Eurer weiten Reise, edler Herr? Ja, wenn man das Reiten nicht so gewohnt ist ..."
Eigentlich hätte Liutprand wegen der letzten Bemerkung protestieren müssen, obwohl der Bergbauer ja recht hatte. Aber er war so verunsichert und zudem tatsächlich erschöpft, dass er gerne die Gelegenheit wahrnahm, sich zurückzuziehen. So ließ er sich in eine Dachkammer führen – und staunte. Einen derartigen Luxus hätte er in dieser Abgeschiedenheit nicht erwartet. Kein Vergleich zu einem Gemach in einem italienischen Palast, selbstverständlich nicht, aber er musste zugeben: Hier ließ es sich leben. Der Raum war geräumig, die rustikalen Möbel schienen ihm zwar reichlich antiquiert, aber ziemlich kostbar und das Strohlager wirkte recht weich und gepflegt. Vielleicht blieb er sogar einmal diese Nacht von Wanzen verschont!
Er legte sich hin und löschte das Licht.
Im nächsten Augenblick fuhr er erschrocken hoch. Was war da eben? Ein lautes, brüllendes Gelächter? Mehrere Männerstim-

men, war sein Gastgeber dabei? Machte dieser sonderbare Alte sich etwa mit seinen Knechten gemein? Mit seinen Knechten, konnte das sein? Lachten die über ihren Besucher? Statt, wie es sich gehörte, dem Herrn Grafen den nötigen Respekt zu erweisen? Überhaupt: dieser seltsame Kauz, der sich über alles lustig zu machen schien! Nur ein Kauz – oder steckte tatsächlich mehr dahinter? Wenn ja: Was? Drohte etwa Gefahr? Tödliche Gefahr? Warum war es auf einmal so schwül in seinem Zimmer?

Wenn er hier in eine Falle getappt war? In eine ganz teuflische, hinterhältige Falle?

Ruhig bleiben, nüchtern denken und ohne Vorurteile, was doch eine seiner ganz großen Stärken war! Also nüchtern und unvoreingenommen gedacht: Was konnte man ihm im schlimmsten Fall anhaben? Nüchtern betrachtet. Ihn umbringen und seine Leiche irgendwo in dieser Bergwildnis auf Nimmerwiedersehen verschwinden lassen, was hier doch ein Leichtes war? Quatsch, wozu denn? Davon hatte der Mörder doch nichts! Man konnte ihn festhalten und ein hohes Lösegeld für seine Freilassung erpressen. Das musste er dann wohl berappen, soviel stand fest – aber danach wollte er sich rächen, und zwar so, dass niemand auf der Welt es mehr wagte, ihn auch nur schief anzusehen!

Gut und schön – aber das alles konnte sich der Alte doch denken! Der war schließlich nicht dumm! Was, wenn er das längst eingeplant und Vorkehrungen getroffen hatte? Überdies wusste der ohnehin noch mehr, nämlich, ***wer*** sein Gast war! Warum sonst hatte er sich nicht für Liutprands Namen und

Stand interessiert? Na – weil er eben längst alles wusste! Gab es sonst einen auch nur halbwegs vernünftigen Grund für sein Desinteresse? Nein, nein, diesem durchtriebenen, hinterlistigen Kauz war von Anfang an klar gewesen, was für ein dicker Fisch ihm da ins Netz gegangen war. Und der hatte das gleich gefeiert, zusammen mit seinem vermeintlich ahnungslosen Opfer, mit reichlich Wein und zweideutigen Sprüchen – wie perfide! O tempora, o mores!
Wenn er sich nicht vor der Rache seiner Geisel fürchtete, dann doch nur deshalb, weil er längst alles vorbereitet hatte! Nie, nie sollte der Graf die Gelegenheit haben, zu einem Rachefeldzug gegen den alten Bergbauern zu rüsten! Lag denn nicht auf der Hand, wie der jetzt vorgehen wollte? Nämlich zuerst das Lösegeld erpressen und dann Liutprand doch umbringen! Wer garantierte denn, dass Entführer sich an eine Abmachung hielten? Die waren doch in den seltensten Fällen von höherem Adel!
Ruhig überlegen? Bei klarem Verstand bleiben? Ja, es war schon ein riesiger Unterschied, ob er zu Hause oder gar unter Standesgenossen über ein solches Thema redete, während man um die Wette trank, viel lachte und vielleicht mal einer quietschenden jungen Dienstmagd unter die Röcke griff – oder ob es ihn selber betraf. Was musste er sich auch um diese Mission zu den Franken reißen, nur um in der Gunst des Langobardenkönigs Authari, dieses jungen Grünschnabels, noch eine Stufe aufzusteigen? Hätte er doch irgendeinem ehrgeizigen jungen Schnösel diese zweifelhafte Ehre überlassen!

Wo steckte eigentlich sein Gefolge? Vermutlich längst sturzbetrunken. Statt sich um die Sicherheit seines Herrn zu kümmern. Er hatte es schon immer gewusst: Wenn er seine Domestiken ***einmal*** brauchte ...
Quatsch!, fuhr es ihm durch den Kopf. Vollkommener Quatsch! Ich sehe Gespenster, weil ich auf einem skurrilen Bauernhof gelandet bin, dessen Besitzer vielleicht ein Spaßvogel, vielleicht aber auch nicht so ganz richtig im Kopf ist. Vermutlich Höhenkoller. Was der daherredet! Ich sollte schlafen, ganz einfach schlafen. Schlafen.
Wenn es nur nicht so schwül gewesen wäre ...
Stundenlang lag er wach, wälzte sich in seinem Bett; wenn er sich zudeckte, schwitzte er aus allen Poren, und wenn er die Decke wegstrampelte, begann er zu frösteln. Und was war das jetzt? Heulte gar ein Wolf? Ganz in der Nähe? Wo war sein Pferd? Hoffentlich im Stall in Sicherheit! Ob der Alte wenigstens gute Wachhunde hatte, die das Raubzeug fernhielten? Ob man sich wenigstens auf die Hofhunde verlassen konnte, wenn schon sein Gefolge, dieses ehrlose Pack, seinen Rausch ausschlief?
Nun schien auch noch der Vollmond grell in sein Schlafzimmer, direkt auf sein Bett. Und da sollte er schlafen!
Aber das ging ja ohnehin nicht! Er musste wach bleiben! Wachsam sein! Er schwebte hier in Lebensgefahr und dachte ans Schlafen! Ja, hatte er denn seinen Verstand verloren? Jederzeit konnte ein Meuchelmörder in sein Zimmer schleichen, im Schutz der Finsternis – der Vollmond beleuchtete das Bett

mit seinem fahlen, gespenstischen Licht, der Rest des Zimmers lag in umso schwärzerem Dunkel. Warum um alles in der Welt hatte er es versäumt, die Wände nach Geheimtüren abzusuchen? In einem fremden Haus, wo man ihm nach dem Leben trachten konnte! Stattdessen lag er im Mondlicht auf seinem Lager wie auf einem Präsentierteller!

Leise erhob er sich, um die Wände abzutasten. Mit angehaltenem Atem schlich er in winzigen Schritten an der Wand entlang. Nichts, überall nur kompaktes Mauerwerk. Nicht die kleinste Fuge oder Ritze, geschweige denn eine Art Geheimtür. Oder war sie nur so perfekt getarnt? Hier war alles möglich – oder, wie sein Gastgeber immer so zweideutig gesagt hatte: Es gab Dinge zwischen Himmel und Erde ...

Plötzlich stieß er gegen ein Schränkchen und irgendein Tongefäß fiel scheppernd zu Boden.

Wie erstarrt stand er und horchte angestrengt. Sein Knie schmerzte. Wenn Scherben herumlagen und er barfuß weitertappte ... Nicht auszudenken, wenn er sich verletzte und dann langsam und qualvoll am Wundfieber zugrunde ging!

Der Höllenlärm musste doch das ganze Haus geweckt haben! Sicher kam jetzt gleich jemand, um nachzusehen, was passiert war. Oder um ihn bei dieser Gelegenheit – er wagte kaum, den Gedanken zu Ende zu denken.

Unglaublich, wie viele Geräusche es nachts in diesem Haus gab! Leises Tappen, Scharren und Rascheln – waren das nur die Mäuse? Aber da mussten sie ja Holzschuhe anhaben! Also doch etwas anderes?

Niemand kam. Oder doch? Da war doch jemand vor seiner Zimmertür! Und jetzt, wo Liutprand den Atem anhielt, tat der andere dasselbe. Sicher mehrere Minuten stand er regungslos da und wagte nicht, sich zu bewegen.

Nichts zu hören – da hatte er sich wohl doch getäuscht.

Trotzdem: Er musste, so müde er auch war, unbedingt wach bleiben. Wach bleiben! Aber das sagte sich so einfach. Na, gut, gegen Liegen war nichts einzuwenden und sein Bett war auch leicht zu finden, das wurde ja vom Vollmond angestrahlt. Also legte er sich wieder hin. Angestrengt horchte er in die Dunkelheit.

Immer schwerer wurden seine Augen. Wach bleiben!, hämmerte er sich ein. Wach bleiben! Dein Leben steht auf dem Spiel! Im Schlaf wollte er sich denn doch nicht umbringen lassen. Wenn es denn schon sein musste, wollte er wenigstens nicht wie ein wehrloses Opferlamm dahingemeuchelt werden. Seine Ehre, seine Edelmannsehre ...

Wach bleiben!

Irgendwo im Haus fuhr eine Tür zu, dann war es wieder still. Noch viel stiller als sonst. Eine sanfte, wohltuende, trügerische Stille. Eine Stille, die ihn einlullte. Die ihn zu betäuben drohte.

Alles um ihn schien auf einmal weit entfernt zu sein. War da ein Geräusch? Auch das war ganz weit weg. Wie hinter Watte. Er lag wie gelähmt, er hätte sich jetzt gegen niemanden wehren können, obwohl er alles mitbekam.

Auf einmal vernahm er hämisches Lachen, direkt neben sich. Dann laute, markerschütternde Schreie von irgendwelchen

Raubtieren – oder war es nur ein Käuzchen? Stimmen von Männern, die sich über ihn zu beugen schienen und sich dabei unterhielten. Worüber sprachen sie? Über ihn? Verzweifelt bemühte er sich, dem Gespräch zu folgen. Vergeblich! Er verstand kein Wort.

Dann von Jetzt auf Gleich wieder Stille. Totenstille.

Durch die Fensteröffnung fiel ganz fahles Licht. Das war nicht mehr der Vollmond – wann war der eigentlich untergegangen? Nein, es wurde langsam Tag. Ja, war denn die Nacht so kurz gewesen? Oder hatte Liutprand trotz allem einige Stunden geschlafen? Dabei hätte er doch so dringend wach bleiben müssen! Nun, gut, es schien ja nichts passiert zu sein. Und siehe da, er konnte sich bewegen, seine Sinnesorgane funktionierten tadellos, obwohl er sich völlig übernächtigt fühlte. Oder vielmehr verkatert, wie nach einer Feier mit seinen trinkfesten Standesgenossen. Ja, verkatert. Was hatte ihm der Alte eigentlich in den Wein gemischt? Oder lag es an der dünnen Höhenluft? Wie hoch lag der Hof eigentlich? Verflucht, er hätte doch wissen müssen, dass ihm die Höhe nicht gut tat! Ihm, dem Stadtmenschen aus der Ebene!

Kühl war es jetzt, nein, kalt. Schweinekalt, man konnte es nicht anders ausdrücken.

Auf seinem Strohlager hielt er es nicht mehr aus und so erhob er sich und kleidete sich an. Ob schon jemand wach war und ihm ein kleines Frühstück zubereiten konnte? Auf einem Bauernhof war das immerhin denkbar. Das Bauernpack war schließlich zum Arbeiten auf der Welt, nicht zum Schlafen! Und je früher er

hier wegkam, desto besser. Wenn nur nicht doch noch eine böse Überraschung auf ihn wartete ...
War er eingeschlossen? Selbstverständlich war er eingeschlossen! Dieses Zimmer hier war sein Verließ! Vermutlich hatte der Alte schon einen aus seinem Gefolge als Boten an Autharis Hof geschickt, um Lösegeld zu erpressen. Also doch. Wenn er jetzt an der Tür rüttelte – was dann? Aber er musste sich Gewissheit verschaffen, es half ja alles nichts. Auch wenn diese Gewissheit noch so niederschmetternd war, sein Todesurteil.
Langsam, ganz langsam drückte er die Klinke nach unten. Danach versuchte er die Tür zu öffnen. Leise, leise! Nur ja kein unnötiges Geräusch!
Die Tür war unverschlossen.
Er konnte sich frei bewegen! Das sollte einer verstehen! Konnte er doch aufatmen?
Zögernd trat er in den Korridor, dann ins Treppenhaus, das ihn ins Erdgeschoss führte, dort wieder in einen Flur. Wie finster es hier war! Und kalt, richtig kalt! Wo war die Gaststube? Richtig, die hintere Tür links.
Er klopfte zaghaft an und bekam sofort Antwort. Wie erwartet war der Bergbauer schon munter. Der Graf trat ein.
Tatsächlich stand schon sein Frühstück auf dem Tisch. Und was für ein Frühstück! Nein, das musste er jetzt zugeben: So üppig wie hier war er schon lange nicht mehr bewirtet worden und auf diesem abgelegenen Flecken Erde hätte er das niemals erwartet. Gleich regte sich sein schlechtes Gewissen: Hatte er dem liebenswerten, wenngleich reichlich schrulligen Gastgeber doch

Unrecht getan? Er war wütend auf sich. Diese verdammte Gespensterseherei! Diese verdammte Gespensterseherei!
„Habt Ihr gut geschlafen?“ Der Alte kauerte auf einem Stuhl in der dunkelsten Ecke. Direkt bei dem ausgestopften Wolf.
Im selben Augenblick betraten zwei Bedienstete den Raum und der Bauer erteilte ihnen einige Anweisungen.
Aber was war das? Liutprand verstand kein Wort. Was war das für eine Sprache? In seinem Kopf ging es drunter und drüber. Sollte sein freundlicher Gastgeber – sollte er etwa gar – ?
„Ihr fragt Euch, in welcher Sprache ich gerade mit meinen dienstbaren Geistern gesprochen habe?“ Konnte der Alte Gedanken lesen? Aber das war in diesem Fall nicht sonderlich schwierig.
„Ihr müsst wissen: Meine Vorfahren zählten zu den angesehensten Edelmännern unter unserem unvergessenen ***Zwergenkönig*** Laurin.“
Laurin? Um Himmels Willen, das war doch … Lächelte der Alte immer noch so freundlich? Oder grinste er höhnisch? Gleich kam in dem Grafen wieder die Angst hoch. Panische Angst. War er denn blind gewesen? Das war ja alles noch viel schlimmer, als er letzte Nacht geglaubt hatte! Und gleichzeitig so klar, so plausibel! Hätte er nicht sofort sehen müssen, ***müssen***, dass … ?
„Ihr seid Germane, nicht wahr? Ostgote oder Langobarde?“
„Lango – Ostgote.“ Leugnen half hier ja doch nichts. Was blieb ihm übrig, als sich halbwegs mannhaft in sein Schicksal zu fügen? „Was – was verlangt Ihr?“

„Was ich verlange? Ihr seid mein Gast!“ Die Freundlichkeit dieses kleinen Menschen mit dem immerwährenden Grinsen erschien ihm schlimmer als die gröbsten Beleidigungen.
„Ihr versteht nicht, edler Herr? Fragt, was Ihr fragen wollt, ich stehe Euch Antwort!“
„Ja, Ihr – Ihr redet – … “
„In der alten Sprache, die in Laurins Reich gesprochen wurde, ganz recht.“
„Aber – Ihr seid doch – ihr seid doch längst … “
„Ich kann mir denken, was Ihr sagen wollt. Unser Reich ist vor einem Jahrhundert von den Ostgoten unterworfen worden. Von den Ostgoten, deren Reich auch schon längst wieder Geschichte ist. Eigentlich sollten wir hier richtige Germanen sein. Habe ich recht?“
„Ja – aber … “ Was tun, um den Gastgeber nicht zusätzlich zu reizen?
„Wieso wir unsere alte Sprache sprechen und nicht längst schon Germanisch wie Ihr, wie alle Welt? Ist es das, was Ihr fragen wollt? Und bitte vergesst doch euer Frühstück nicht! Es gibt Dinge zwischen Himmel und Erde, die man nie, ***nie*** vergessen sollte – nicht viele, aber es gibt welche! Habt Ihr denn keinen Appetit?“
Schon wieder dieser spöttische Unterton! Liutprand rang um seine Fassung. Ruhig bleiben, Herrgott nochmal! Was führte der fürchterliche Alte jetzt wieder im Schilde?
„Ihr seid von mächtigen Reichen umgeben – die Kaufleute sprechen Germanisch, alle Welt, wie Ihr sagt … “

„Redet frei von der Leber, Freund! Aber ich glaube, ich verstehe Euch auch ohne viele Worte. Ihr wollt wissen, wieso wir noch keine Germanen sind? Wieso wir nicht assimiliert sind, um diesen neumodischen Ausdruck zu gebrauchen? Oder, direkter gesagt, germanisiert? Vielleicht, weil wir das gar nicht wollen? Und uns auch von Germanen nicht zu allem zwingen lassen? Na, den Kaufleuten ist es doch herzlich egal, welche Sprache wir sprechen, Hauptsache, wir bezahlen.
Und ja, man hat seinerzeit, gleich nach dem Sieg des Ostgotenkönigs Theoderich über Laurin – oh, auch der große Theoderich ist fast schon wieder vergessen, wenn wir einmal von den idiotischen Dietrich-von-Bern-Geschichten absehen – jetzt habe ich doch glatt vergessen, was ich sagen wollte. Ach, so, ja. Also damals hatte man nichts Eiligeres zu tun, als unsere Sprache zu verbieten. Als könnte man Menschen, einem ganzen Volk einfach so verbieten, seine Muttersprache zu sprechen! Stellt Euch vor, Ihr dürftet Euch nur noch auf Lateinisch unterhalten! Oder auf Griechisch oder Arabisch! Nicht auszudenken, findet Ihr nicht? Glaubt Ihr, man vergisst seine Muttersprache, wie man den Namen eines Königs vergisst? Und seine Kultur? Einfach so? Ihr habt doch gerade gehört, dass unsere Sprache lebt. Trotz allem!“
Nun erinnerte sich Liutprand wieder ganz vage, dass die Sprache der Bergbevölkerung in Laurins Reich tatsächlich verboten war, er wusste auch, mit welchen Schikanen, welchen Druckmitteln, welcher Brutalität die Ostgoten dieses Verbot hatten durchsetzen wollen, sofern sie nicht gerade andere

Sorgen hatten. War es ihre Schuld, dass die Unterworfenen trotz aller Feldzüge und Folterkammern nicht einsehen wollten, dass in dieser Welt immer der Sieger diktierte, was Recht und Unrecht war? War dieses Verbot eigentlich jemals aufgehoben worden? Seines Wissens auch nicht von den Langobardenkönigen, die gewissermaßen die Erben der Ostgoten waren. Sicher war er sich nicht, was hatten ihn bisher diese Bergbauern hier oben gekümmert! Samt ihrer mageren Kühe, meckernden Ziegen und keifenden Gänse! Eines war natürlich völlig richtig: Laurins Nachfahren waren von Feinden umgeben.
Ja, aber – aber was ergab sich aus all diesen klugen Gedanken? Als Umkehrschluss?
„Wie – verzeiht mir meine Direktheit … "
„Fragt ruhig, ich habe Euch ja dazu aufgefordert!"
„Also gut: Wie könnt Ihr Euch gegen diese Welt von Feinden behaupten? Gegen all die mächtigen Herrscher, die notfalls vor keiner Gewalt zurückschrecken, vor keiner?"
Mehr denn je ähnelte das Gekicher des Alten an das Gemecker einer Ziege.
„Wollt Ihr das wirklich wissen?"
„Wenn es Euch nichts ausmacht?"
„Wirklich und wahrhaftig?" Was war das auf einmal für ein Unterton in seiner Stimme? Spott? Hoffnung? Hoffnung worauf? Oder was sonst?
„Kommt mit mir! Ich zeige Euch unsere Rüstkammer!"
Aber, fuhr es dem Grafen durch den Kopf, durften denn Laurins Nachfahren überhaupt Waffen besitzen? War das nicht seit

einem Jahrhundert erst recht streng verboten? Und wenn ihm jetzt die Rüstkammer gezeigt wurde – mein Gott, ich werde doch nie dazu kommen, dieses Geheimnis auszuplaudern, das den Alten das Leben kosten kann! Der hat doch schon längst seine Vorkehrungen getroffen … Ihm war jetzt endgültig klar, dass er den Gutshof nicht lebend verlassen werde.
Aber er wollte doch nicht sterben, er wollte nicht! Was tun, um Himmels Willen? Gegenüber einem Feind, bei dem das Angebot auch des reichhaltigsten Lösegeldes nur dumme Witze und Lachanfälle auslöste? Fliehen, fliehen, notfalls bis ans Ende der Welt? Aber ohne sein Pferd? Und wo, verdammt noch mal, steckte schon wieder sein Gefolge? Nein, es war aus. Aus. Was blieb ihm übrig? Er musste sich fügen. In alles, was dieser halbwahnsinnige und so grenzenlos hinterhältige, bösartige Alte aus den Bergen mit ihm vorhatte. Vor dem Sterben hatte er keine Angst – aber das tat doch so weh!
Mechanisch trottete er hinter dem Alten her und ließ sich zur Rüstkammer führen. Wo ihn sein Henker erwartete, mit welcher Waffe auch immer. Liutprand beschloss, gefasst und mit Würde dem Tod entgegenzutreten. Aber das sagte sich so leicht, wenn einen die Angst lähmte und das Herz bis zum Hals klopfte!
Quietschend öffnete sich vor ihm eine schwere Tür. Dahinter also, hinter dieser altmodischen, verschnörkelten Eichentür, endete sein Weg, seine irdische Pilgerfahrt, gleich, nur noch wenige Augenblicke …
Aber was war das? Er blickte um sich, bemühte sich, seine Augen an das Halbdunkel in dieser sogenannten Rüstkammer zu

gewöhnen, aber es stimmte, es war keine Sinnestäuschung.
Da war niemand. Kein Meuchelmörder. Nur der Alte stand neben ihm und blinzelte ihn spöttisch an.
Und die Waffen? Das war doch eine Rüstkammer! Ja, aber – wohin er schaute, überall lagen nur ganz kleine, lächerlich kleine, spielzeughaft anmutende Waffen herum. Waren die winzigen Messerchen, Schwertchen und Schildchen überhaupt aus Metall? Ja, was wollten die gegen die Wehr eines kampferprobten Germanen ausrichten? Und dann entdeckte Liutprand noch etwas anderes. Nämlich allerlei Masken, schauerliche, aber auch einfach alberne. Da gab es böse grinsende oder grimmig schauende Geister, Zauberer, Hexen, keifende Marktweiber, betrunkene alte Männer, heuchlerisch dreinblickende oder einfach betrunkene Priester, einen Germanen mit dem Blick eines schwachsinnigen Kindes, ein zähnefletschendes Krokodil mit römischem Lorbeerkranz und noch vieles andere, einfach unüberschaubar.
„Damit, edler Herr, verteidigen wir uns."
Graf Liutprand fand keine Worte.
„Ihr blickt verständnislos, lasst es mich erklären. Manchmal, zu bestimmten Anlässen, tragen wir diese Waffen und Masken. Aber wenn es sein müsste, zögen wir damit auch in den Krieg – wobei wir hier in den Bergen so abgeschieden und halb vergessen von der zivilisierten Welt leben, dass sowieso keiner daran denkt, uns anzugreifen. Hier gibt es doch nichts zu holen, keine Beute! Aber wenn Ihr uns auf einem Schlachtfeld gegenüberstündet und wir diese Sachen trügen – wie würdet Ihr

reagieren? Antwortet ehrlich, ich nehme Euch nichts übel!“
„Na – verzeiht mir – ich würde … “
„Brüllen vor Lachen, bis Euch der Bauch schmerzt, Euch vor Lachen auf dem Boden wälzen, stimmt's? Euch fragen, ob Ihr es mit Irren zu tun habt, mit Wahnsinnigen? Oder ob Ihr auf einem Kindergeburtstag gelandet seid? Seht Ihr, das ist es. Genau das.“
Da durchfuhr Liutprand blitzartig ein Gedanke. Und im selben Augenblick glaubte er an einem der winzigen Spielzeugschwerter etwas Blut zu entdecken. Oder wurde das rötliche Schimmern nur durch die Sonne erzeugt?
Wie betäubt stand er da. So betäubt, dass er gar nicht gleich verstand, was ihm sein Gastgeber gerade gesagt hatte. Der wiederholte daher:
„Edler Herr, Euer Pferd ist gesattelt!“

Katharsis

Für Christian Schulz

Auf dem Weg zur Straßenbahnhaltestelle musste Hartmut rennen. Immer dasselbe. Wie üblich geriet er in Nullkommanichts außer Atem, Laufen war noch nie seine Stärke gewesen. Und obendrein im dunklen Anzug! Wenn er den nur nicht wieder durchschwitzte! Man konnte doch nicht im zerknitterten, klitschnass geschwitzten Anzug herumlaufen! Heutzutage.
Nicht als Student, diese Zeiten waren ein für alle Mal vorbei. Erst recht nicht als Mitglied einer schlagenden Verbindung, des hochwohllöblichen Corps Palatia! Auf gar keinen Fall! Da musste man sich ja schämen. Und gerade heute, in dieser schwierigen Zeit …
Geschafft. Im letzten Augenblick erreichte er keuchend die Haltestelle, als schon die Bahn anhielt. Das wäre etwas gewesen, wenn er die verpasst hätte! Wo doch heute wieder eine so wichtige Veranstaltung war! Ein Konvent! Und nicht irgendein Konvent, nein, beileibe nicht, sondern …
Aber es war jedes Mal dasselbe mit ihm: Da hatte er bis zur allerletzten Minute in seinem Zimmer Musik gehört. Den langsamen Satz aus der achten Symphonie von Anton Bruckner, Spieldauer 28 Minuten, das gewaltige musikalische Vermächtnis dieses unbeirrbar frommen Komponisten, das ihn immer wieder aufs Neue in seinen Bann schlug. Statt dass er sich rechtzeitig auf das Wesentliche konzentrierte! Es war wirklich zum

Verzweifeln mit ihm.
Er stieg ein und zog sich in eine halbwegs ruhige Ecke zurück. Einige Jugendliche, nur wenig jünger als er selbst, musterten ihn. 'Glotzt nur meinen schwarzen Anzug an, ihr halbstarken Rotznasen!', dachte er. 'Ihr werdet es schon auch noch kapieren! Und wenn nicht – euer Pech, dann kommt ihr eben nicht weit.' Trotzdem war ihm die Situation unangenehm und er zwang sich zu einer betont stolzen Haltung.
Wer war er denn!
Dabei stand er doch eigentlich überhaupt nicht gerne im Mittelpunkt. Sich in den Vordergrund zu drängen – das war wahrlich nicht seine Sache. Früher einmal, ja, aber schon lange nicht mehr. Lieber zog er sich in einen stillen Winkel zurück und hörte anderen zu, die hatten ohnehin mehr zu sagen. Wichtigeres. Was wusste ***er*** schon vom Leben!
Heute zu spät kommen! Wo es doch ohnehin überaus ungemütlich für ihn werden sollte! Das hatte er sich wieder mal selbst eingebrockt, in unnachahmlicher Weise, keine Frage. Wenn er daran dachte … Warum, verdammt, kam seine Einsicht immer erst dann, wenn alles zu spät war?
Da sollte er sich einmal, ein einziges Mal für die Gemeinschaft, für das Corps, engagieren. Er, der sonst im Ruf stand, sich grundsätzlich vor allen großen, verantwortungsvollen und vor allem repräsentativen Pflichten zu drücken. Und sich stattdessen für irgendwelche Dinge zu interessieren, die im Leben kein Mensch brauchte. Fürs Lesen, für seine schwerblütige Musik, für Geschichte, für die Natur, Gott weiß, wofür sonst noch

alles.
Wie lange sollte das noch so gehen? Wann wurde er endlich erwachsen? War das denn so schwer? Warum schaffte er das nicht? Andere schafften es doch auch! Alle seine Corpsbrüder schafften es! Die hielten sich nicht mit dummen, verschrobenen, weltfremden Dingen auf. Die wussten, worum es ging im Leben! Zugegeben, wenn sie sich mal wieder über Besäufnisse unterhielten ... Obwohl das dann manchmal schon ulkig war.
Nein, alles war nicht ideal, auch nicht im Corps. Behauptete ja auch niemand. Wo viel Licht ist, ist starker Schatten.
Trotzdem: Es ging ums Grundsätzliche.
Sein bester Freund im Corps, sein Leibbursche, den er sich in seiner ersten Zeit in der Verbindung gewissermaßen als Mentor ausgesucht hatte, hatte ihm all das schon mehrfach einzuschärfen versucht. Zugegeben, mit etlichen Bier intus, aber das spielte ja keine Rolle, in einer Verbindung gehörte Bier einfach dazu. Völlig egal, ob es einem schmeckte oder nicht. Eines der vielen Dinge, die ihm sein Leibbursche erklärt hatte. Mit einer Engelsgeduld ohnegleichen. Auf das Urteil dieses Corpsbruders gab er doch so viel! Der verstand etwas vom Leben, sein Vater war Besitzer einer kleinen Brauerei, die das Corps mit Bier belieferte. Mit Stoff, wie es im Verbindungsjargon hieß. Hugo wurde er allgemein gerufen, weil das sein Zweitname war – ulkig wie so vieles im Corps. Ja, und Hugo war durchaus auf seiner Wellenlänge. Der liebte sogar italienische Opern, „La Traviata“ oder „La Bohème“.
Sie sprachen praktisch nie über Musik, wozu auch! Das spielte

nun wirklich keine Rolle.
„Zuckersüßer Frauenversteher“, so ähnlich zerrissen sich einige über Hugo das Maul. 'Quatsch!', dachte Hartmut zornig. 'Vollkommener Quatsch!' Dabei hatte Hugo vor einem Jahr eine so sensationelle Mensur geschlagen, die Gesprächsthema sämtlicher schlagender Verbindungen in seiner Stadt gewesen war! Geblutet hatte sein Gegner, geblutet wie ein Schwein! Mit siebenundzwanzig Stichen musste dessen Schmiss genäht werden! Siebenundzwanzig Stiche! Das sollte seinem Hugo erst mal jemand nachmachen.
Ja, Hartmut war so froh, dass er Hugo hatte. Gerade heute, wo er ihn wieder einmal brauchte. Er schaltete sein Handy an, das er auf Fahrten zum Corps sowie im Corps selbst sonst grundsätzlich ausgeschaltet hatte; da gehörte er der Verbindung und sonst nichts und niemandem.
Kein Anruf und keine Nachricht von Hugo.
So fuhr er das Handy wieder herunter und lehnte sich in seine Ecke zurück. Nicht zu nachlässig, um den Anzug nicht zu zerknittern. Außerdem hätte sich das ohnehin nicht gehört.
Früher, als er noch nicht dem Corps Palatia angehörte, da war vieles anders. Unfassbar anders! Da konnte er stundenlang über seine absonderlichen Interessen reden. Ohne Punkt und Komma. Mit seinen sogenannten Freunden – oh, wahre Freundschaft gab es nur in studentischen Verbindungen, genauer, bei schlagenden Verbindungen! Die nicht schlagenden, deren Mitglieder sie, wenn sie unter sich waren, „Schneepisser“ nannten, die zählten doch nicht. Wie gut, dass ihn seine Corpsbrüder da

herausgeholt hatten! Weg von seinen falschen Freunden. Was wäre ohne das Corps aus ihm geworden? Stagniert wäre er, hoffnungslos stagniert! Im dumpfen, grauen Mittelmaß!

Ja – was wusste ***er*** schon!

Noch sechs, nein, sieben Haltestellen. Dann noch drei, vier Minuten Gehzeit bis zum Haus, in dem das Corps Palatia residierte. Wo sie sich trafen, zum Feiern oder auch zu anderem. Kurz: wo seit mehr als zwei Jahren Hartmuts Lebenszentrum lag.

Weiterhin keine Nachricht von Hugo auf dem Handy. Dann sollte es wohl klappen.

Nein, nein, es war durchaus nicht so, dass Hartmut mit allem einverstanden war, was im Corps getan oder geredet wurde. Er war nicht völlig unkritisch, durchaus nicht! Aber – das ging niemanden etwas an! Selbstverständlich nicht! Gewisse Dinge trug man nicht nach außen, das gehörte sich nun einmal!

Auch wenn ...

Ja, manchmal gingen Hartmuts Corpsbrüder doch ziemlich hart mit ihm ins Gericht. Seine ***Corpsbrüder. Brüder!*** Klar, dass seine Brüder sein Bestes wollten! Wie in einer guten Familie!

Trotzdem – das heute, das ging eigentlich zu weit.

Oder?

Türken stiegen ein. Mann, Frau und zwei, nein, drei kleine Kinder. Und die Frau war schon wieder schwanger. Hartmut konnte nicht anders, der Anblick der Familie war ihm unangenehm. Die Familie war ihm unangenehm. Körperlich zutiefst unangenehm. Bergbauern aus Anatolien. Und in was für Lumpen die herumliefen! „Sie trägt ein Kind unter dem Herzen“ – wo hatte er nur diesen dämlichen Satz gelesen? „Ein Kind unter dem Herzen!“ Pah! Und vermutlich stanken sie nach Knoblauch. Ekelhaft! Dummpöbel!

Wie wohl Hugo reagierte, wenn er gleich mit ihm redete?

Gut, Hartmut hatte Mist gebaut. Das sah er ein. Keine Rede davon, dass er uneinsichtig war, auch wenn es mit der Umsetzung zuweilen haperte! Daran musste er arbeiten, das sah er ein. Trotzdem: Ihn in den Schwarzwald schicken wollen, weil er, einer der wenigen im Corps, die etwas anderes als eine Wirtschaftswissenschaft studierten, das Amt des Kassenwarts nicht gut ausgeübt hatte?

Na, ja ...

Wenn er ehrlich war, musste er sich eingestehen: Es war nicht so, dass er dieses Amt ***schlecht*** ausgeübt hatte. Im Grunde hatte er es ***überhaupt nicht*** ausgeübt. Oder so gut wie überhaupt nicht. Einfach alles liegen und schleifen lassen und lieber Bruckner gehört. Und die Komödien von Dürrenmatt gelesen oder „Abu Telfan oder Die Heimkehr vom Mondgebirge“ von Wilhelm Raabe. Selbst schuld. Statt dass er sich für seine Pflichten interessierte. In diesem Fall: den Corpsbrüdern, die mit ihren Beitragszahlungen im Rückstand waren, energisch nachzulaufen, um die fälligen Beiträge einzutreiben. Und nun war die Kasse im Minus. Auf der Bank hatte man ihm schon eindringlich geraten, einen Bürgen für das überzogene Girokonto ausfindig zu machen. Vor allen Leuten!

Was wohl Hugo dazu sagte? Aber das lag ja auf der Hand! „Du

meinst, dir liegt dieses Amt nicht, weil es nichts mit deinen Studienfächern zu tun hat? Mein lieber Hartmut – Prost übrigens, trink erst mal einen kräftigen Schluck! Alleine Trinken macht dumm und einsam! Also pass mal auf: Man kann sich in jedes wichtige Amt einarbeiten. In jedes! Man tut seine Pflicht und stellt sich der Realität."

Trotzdem: Ihn in den Schwarzwald schicken wollen!

Was in ihrem Jargon, mit dem sie sich von Außenstehenden abhoben, wohltuend abhoben, bedeutete: ihn zeitweilig, wohl für zwei oder drei Wochen, aus dem Corps ausschließen zu wollen! Aus der Gemeinschaft! Da musste er sein Couleur abgeben, Band und Mütze in den Farben rot-gelb-grün (er tastete zum ungefähr zehnten Mal in seine Tasche, wo die Sachen verstaut sein mussten: alles da!), er durfte nicht mit den Corpsbrüdern sprechen und die nicht mit ihm, er musste zu allen Pflichtveranstaltungen erscheinen. Immerhin: Von den wenigen Veranstaltungen, an denen Damen teilnehmen durften, war er befreit, das war, nun, ja, ritterlich, das musste er zugeben. Weiter durfte er kein Restaurant besuchen (die Mensa der Uni war großzügigerweise erlaubt). Und keinen Alkohol trinken. Ausnahme: zu Hause, im familiären Kreis. Da war sein Bier zulässig, da drückte man ein Auge zu. Im Corpshaus durfte er nur Mineralwasser zu sich nehmen. Und Cola, wenn welches da war. Und ja, einen Corpsbruder durfte er sich aussuchen, als Bindeglied und Vermittler zwischen ihm und der Verbindung. Mit dem durfte er dann sogar reden. Klar, dass er Hugo auswählen wollte, wenn ...

Ja, aber hatte das Ganze nicht den Charakter des Inquisitorischen? Nahm man ihm nicht seine Würde? Seine Ehre? Wie wenn man in der katholischen Kirche einen Ketzer ausschloss, so dass dieser ohne jegliche Rechte war? Genau genommen: vogelfrei? Eine solche Strafe wollten sie ihm auferlegen? Seine Corpsbrüder, seine Kommilitonen, die sich gegenseitig als Brüder bezeichneten und die doch sonst so lustig waren, besonders, wenn es bei Feiern zu späterer Stunde traditionell lockerer zuging!
Was war das ein homerisches Gelächter, als vor einem halben Jahr vier Corpsbrüder gegen drei Uhr nachts über den Zaun des Parks direkt gegenüber ihres Hauses kletterten, aus einem Gehege eine ausgewachsene Ziege, irgendeine südamerikanische oder südafrikanische Bergziege, entführten und zwei Tage im Corpshaus hielten, wo das Tier – Ehrensache in einer deutschen Verbindung! – natürlich Bier statt Wasser zu saufen bekam! Danach brachten sie die apathische Meckerziege zurück in ihr Gehege. Keiner erwischte sie, die Zeitung berichtete mehrmals über das mysteriöse Verschwinden und Wiederauftauchen des exotischen Tieres, das die Stadt ein halbes Vermögen gekostet hatte: Wenn die Ziege sprechen könnte – was hätte sie da wohl zu erzählen!? Aber nach ihrer Rückkehr hätte sie nicht einmal lallen können ...
Und jetzt das.
Alles hinschmeißen? Den ganzen Kram hinschmeißen?
Ein Außenstehender hätte das getan, ja. Jemand, der von Verbindungen und überhaupt von dem, worauf es im Leben

ankam, keinen blassen Schimmer hatte. Ja, schmiss man denn einfach so die Brocken hin? In einem Verein vielleicht. In einem, ha, ha, Gesangverein. Oder in einem Kleinkarnickelzüchterverein. Pah! Aber doch nicht in einem Bund fürs Leben!
Andererseits – musste er sich so behandeln lassen?
Quatsch …
Noch drei Haltestellen. Zur Sicherheit griff er noch einmal in seine Tasche. Alles da, sein Couleur war vollständig. Klar, gerade heute wäre es nicht gerade clever, die Corpsbrüder noch mehr zu provozieren. Wer mit unvollständigem Couleur auf dem Konvent erschien, zahlte 10 € Geldstrafe. Und zwar freiwillig, Bevor er dazu verknackt wurde. Ehrensache.
Mit einem Mal fühlte sich Hartmut schlecht. Abgrundtief schlecht. Dass ihm immer wieder solche Sachen passieren mussten! Nur, weil er sich nicht im Griff hatte, weil er andauernd unwichtige Dinge im Kopf hatte! Hirnrissige Dinge! Total hirnrissiges Zeug!
Ja, die Brocken hinschmeißen. Hatte so einer wie er, so ein Versager, ein Träumer, in einem Corps überhaupt etwas zu suchen? Sollte Hartmut jetzt nicht am besten aufstehen, alle um Verzeihung bitten und sich aus der Gemeinschaft der Corpsbrüder mit dem letzten Rest Anstand verabschieden? Und sagen, es tue ihm leid, aber er sehe es endgültig ein: Er sei es nicht wert, einem Corps anzugehören?
Er hatte seine Chance gehabt. Mehr als eine. Sie hatten ihm immer wieder goldene Brücken gebaut. Immer wieder. Aber ...
Hoffentlich kam Hugo rechtzeitig, damit Hartmut vor dem

Konvent noch mit ihm reden konnte. Für ein Bier sollte es allemal noch reichen. Heute brauchte er ihn.
Ob er nicht besser Hugo für sich sprechen ließ? Sprechen, vor einer Versammlung sprechen, selbst vor seinen besten Freunden, das wäre früher vielleicht mal seine Sache gewesen. Jedenfalls hatte er sich das in seiner grenzenlosen Naivität eingebildet. Aber es war nicht sein Ding, definitiv nicht. Zwei Mal hatten ihm Corpsbrüder schon empfohlen, einen Rhetorikkurs zu absolvieren, um sich nicht zum Gespött der Leute zu machen.
Seltsam, was ihm in der Straßenbahn immer so alles durch den Kopf ging! Da hatte ein uralter Corpsbruder, ein Alter Herr, sicher schon weit über achtzig, vor einiger Zeit – warum erinnerte Hartmut sich jetzt überhaupt daran? – erzählt, dass sich nach dem Krieg wahre Tragödien abgespielt hätten. Da sei das Corps, das das Dritte Reich unter der Bezeichnung „Kameradschaft Kurfürst Friedrich von der Pfalz“ überstanden habe, natürlich gleich wieder offiziell gegründet worden, es sei ja mühsam genug gewesen, den amerikanischen Besatzern klarzumachen, dass die Corpsbrüder immer entschiedene Gegner des Nationalsozialismus gewesen seien. Selbstverständlich waren sie das! 'Blödsinn, uns immer in die rechte Ecke zu rücken, nur weil wir Traditionen pflegen und Mensuren schlagen!', dachte Hartmut. Und was verstanden die Amerikaner, diese selbst ernannten Befreier und Weltbeglücker, schon von deutscher Kultur und deutschen Traditionen!
Ja – damals, kurz nach dem Krieg, hatte der Alte Herr erzählt, langsam und mit immer schwererer Zunge, seien einige Corps-

brüder vom Russland-Feldzug zurückgekehrt – ohnedies ein Wunder, wo dieser Krieg gegen den gnadenlosen Iwan doch so viele Opfer gefordert habe. Die Russen, dieses Mördervolk, die seien doch so fanatisch gewesen und hätten alles, was ihnen in die Quere kam, sofort abgeknallt, ja, verhielten sich so kultivierte Menschen? Tja, und dann sei man hinter gewisse Sachen gekommen, hinter so gewisse Sachen, die ... Also man habe sie – ganz schlimm, wirklich ganz schlimm! – unehrenhaft aus dem Corps ausschließen müssen, weil sie an der Front, nun, ja, eben homosexuell geworden seien. Seltsam, dachte Hartmut, dass mir das gerade jetzt einfällt! Aber klar, im Krieg gibt es die schlimmsten Tragödien und gerade ***die*** sind am allerschlimmsten, über die hinterher keiner spricht. Und über Verlierer spricht sowieso niemand.
Verlierer ...
Noch zwei Haltestellen.
Ein Verlierer wollte er nicht werden. Durfte er nicht werden. Was sollten dann die anderen über ihn denken? Sollte er im Mittelmaß versinken wie so viele, die er kannte? Aber gab es überhaupt noch einen Platz für ihn im Corps Palatia?
Was wohl Hugo gleich sagte? Noch einmal sah er auf dem Handy nach. Tatsächlich: eine SMS von Hugo. „Kann erst kurz vor 20 Uhr kommen, sorry. Reden später! Mfg Hugo."
Aber das war jetzt nicht mehr so schlimm. Jetzt war ja alles klar!
Denn als Hartmut aus der Straßenbahn ausstieg (gegenüber der Haltestelle strömten die Theaterbesucher festlich gekleidet in

eine Oper, wohl in „Die Hochzeit des Figaro“ oder vielleicht auch in „Peter Grimes“, aber er hatte nun wirklich nicht die Zeit, sich mit so etwas abzugeben) – da sah er ganz klar Hugo vor seinem geistigen Auge, sah, wie sich Hugo den Bierschaum von seinem mächtigen Schnurrbart leckte, ernst und einfühlsam blickend wie immer, wenn sie unter vier Augen sprachen. Und ebenso klar hörte er die Worte seines Leibburschen.

„Prost, Hartmut, jetzt trink erst mal einen kräftigen Schluck! Bierlein rin, Bierlein raus, Bierlein rin, Bierlein raus, was nutzen mir die Kreuzerlein, wenn ich besoffen bin ... Gut – du hast Scheiße gebaut, das passiert. Ist schon mehr Corpsbrüdern passiert, als du vielleicht glaubst. Dir ein bisschen oft, das ja. Da steht man dann halt dafür gerade und lernt daraus, das ist kein Drama. Gewisse Dinge im Leben muss man eben durchpauken wie eine Mensur, so ist das nun einmal. Was glaubst du, wie viele im Lauf ihrer Studienzeit mal in den Schwarzwald geschickt worden sind? Da muss man durch und hinterher lacht man vielleicht darüber und möchte diese Erfahrung im Leben nicht mehr missen. Jetzt steh halt dazu, dass du als Kassenwart ziemlich verbummelt und verträumt warst, mach's in Zukunft besser, dann reißt dir auch keiner den Kopf runter! Auch wenn die Corpsbrüder beim Konvent die Sache natürlich straff und konsequent durchziehen werden, du kennst sie ja. Mach's im kommenden Wintersemester einfach besser als bisher!

Was, du willst aus dem Corps austreten? Das ist jetzt nicht wahr, oder? Ja, weißt du nicht, dass eines unserer Prinzipien das des Lebensbundes ist? Dass wir einen Bund fürs Leben ge-

schlossen haben? Fürs Leben! Na, du hast vielleicht wieder mal Ideen … Also jetzt pass mal auf: Abgesehen davon, dass du den Konvent nur ***bitten*** kannst, dir den Austritt zu gestatten, und der Konvent natürlich auch nein sagen kann, in aller Regel ***wird*** er nein sagen, davon kannst du ausgehen … Also austreten, nimm's mir nicht übel, Hartmut, das ist doch jetzt Blödsinn! Jetzt lass mal die Kirche im Dorf! Da, trink, heute darfst du ja noch, erst ab Mitternacht nicht mehr! Und nächsten Mittwoch oder Donnerstag, da haben wir im Corps keine Veranstaltung – sagen wir, am Donnerstagabend komme ich bei dir zu Hause vorbei und dann machen wir einen drauf. Wird schon klappen mit den Alkoholkontrollen! Also – – – !"
Ja – so wollte es Hartmut halten. Und ganz klar, klarer als je zuvor sah er die Notwendigkeit, wirklich mal ernsthaft an sich zu arbeiten. Jetzt gleich anfangen. Nicht erst nach dem Konvent oder morgen. Nein, jetzt! Sofort. Ganz energisch. Sich nichts, aber auch gar nichts mehr durchgehen lassen! Nicht das kleinste Fehlverhalten! Druck, Druck und noch mal Druck, das musste nun einmal sein, das ging nicht anders, wenn es kriselte. Und ***wenn*** er nicht spurte, ***wenn*** er wie so oft wieder nicht spurte ...
Aber es war toll, solche Freunde zu haben. Nicht mit Gold aufzuwiegen. Wo anders als in einer schlagenden Verbindung fand man die? Und das blieb immer so, durch alle Zeiten! Was die Leute, verblendet von Hetzartikeln in der Lügenpresse oder im Internet, auch sagen mochten. Was die sagten und dachten, spielte doch eh keine Rolle! Alles da draußen spielte keine Rolle! Was wussten diese belanglosen Typen, diese verkrachten

Existenzen überhaupt!
Nur er, Hartmut, war auserwählt. Auch wenn er das im Grunde gar nicht verdient hatte. ***Noch*** nicht. Aber er war fest entschlossen, sich diesen Status zu verdienen. Später im Berufsleben, aber auch schon jetzt im Corps. Wie hieß es doch so treffend in einem der Lieder, das sie so oft und gerne sangen? „Im Ernste wird, wie hier im Scherz, der rechte Sinn stets walten!“
Und ganz klar, er war entschlossen, vor dem Konvent aufzustehen und zu erklären, dass er ***vier*** Wochen Ausschluss für angemessen hielt. Als Zeichen des guten Willens und einer endlich reifenden Einsicht. Vielleicht hatte er ja doch noch eine Chance!
Hartmut war von tiefer Dankbarkeit gegenüber seinen Corpsbrüdern erfüllt. Und gegenüber Hugo. Vor allem gegenüber Hugo.

Urlaub

Für Moritz Burghardt

Immer wieder warf Sonja ihrem Harald einen zärtlichen Blick zu. Vorhin, als sie in ihrem Fantasy-Roman las, ohne sich so recht darauf konzentrieren zu können, dabei war die Geschichte von der Ewigen Nacht, von der die Welt befreit werden sollte, doch so spannend. Und auch jetzt, als sie sich mit ihren Bratkartoffeln in der Pfanne beschäftigte. Schön goldgelb sollten sie werden, so richtig schön goldgelb, wie er sie liebte.

Er hatte es verdient, das machte sie sich immer wieder aufs Neue klar. Was für eine helle, komfortable Ferienwohnung hatte er für ihren Sommerurlaub ausgesucht, trotz des horrenden Mietpreises! Hoch über dem Talkessel des Alpenstädtchens gelegen, mit freiem Blick auf die in der Sonne fast weiß wirkenden Felsgipfel, auf die sie sich nie trauen würde – aber so, aus der Ferne betrachtet, zumal heute, wo die Septembersonne vom fast wolkenlosen Himmel strahlte … Diese Pracht! Diese Naturschönheit! Für eine komplette Woche! Und dafür hatte sie gerne die weite Anreise auf sich genommen, fast sechs Stunden Fahrzeit mit nur einer einzigen kurzen Pause, in der sie im Stehen rasch einen zu heißen Kaffee in sich hineingegossen hatte – „wenn ich fahre, dann fahre ich“, sagte Harald immer und er liebte es nicht, unnötig aufgehalten zu werden. Bei ihm musste immer alles klappen, reibungslos. Aber war das nicht nur zu verständlich?

„Heute gehen wir nicht obi."
Sie fand es süß, wie er Dialektausdrücke der Einheimischen übernahm. Obwohl ja die Bewohner dieses Alpenstädtchens, wenn sie „hinunter" meinten, hinunter ins Tal, ins Schwimmbad, zum neuen Spielplatz, nicht „obi", sondern „oba" sagten – aber spielte das eine Rolle? Einmal mehr ertappte sie sich dabei, dass ihr seine Worte einen Stich versetzten, es war immer dasselbe. Dabei wusste sie: Das war ungerecht. Ungerecht und undankbar.
Natürlich hatte sie sich gestern, als es fast den ganzen Tag wie aus Kübeln goss, als man vor lauter Wolken so gut wie keine Berge sah, so gefreut, dass der Wetterbericht für heute und vermutlich nur für heute so herrliches Wetter angekündigt hatte, bevor die nächste Kaltfront wieder Regen und bis „obi" in den Wald Neuschnee bringen sollte. Und sie hatte sich darauf gefreut, das schöne Wetter auszunutzen. Erst recht, als sie nach dem Aufstehen – ihr Mann lag noch, unruhig schnarchend wie immer, auf seinem zerknüllten Bettzeug – sah, dass tatsächlich Bilderbuchwetter herrschte. Kaiserwetter, wie sie hier in Österreich sagten, wo die gute, alte Sissi-Zeit noch beinahe allgegenwärtig war, wenn man genau hinschaute.
Nein, sie wollte nicht ungerecht sein. Das durfte sie nicht. Nichts lag ihr ferner. Und gab es in so einer Ferienwohnung nicht immer zu tun? Dazu die schönen Pausen, in denen sie heute auf dem Balkon sitzen und sich erholen konnte! In ihrer „Ewigen Nacht" lesen oder einfach nichts tun, vor sich hin dösen, ihren Gedanken nachhängen. Obwohl ihr das auch nicht

gut tat, das wusste sie, sie brauchte immer irgendeine Beschäftigung.
Zudem kam schon wieder ein unangenehmer Wind auf und im Freien wurde es rasch ungemütlich. Da traf es sich doch gut, dass immer irgendeine Arbeit anfiel! Ob sie auch wirklich genügend warme Kleidung eingepackt hatte? Das war aber auch ein kühler Spätsommer! Eigentlich war das Wetter schon seit Ende Juli herbstlich und dieses Jahr wurde es wohl auch nichts mehr mit einem richtigen Sommer. Ihr Harald hatte schon recht: Die Klimaveränderung sei etwas, das sich die Menschen lediglich einbildeten in ihrer ständigen Hysterie. Die lebten in ständiger Angst und bildeten sich andauernd irgendwelche Weltuntergangs-Szenarien ein. Vorgestern AIDS, gestern Rinderwahn, heute Klimaveränderung, morgen vielleicht Ebola ...
Jetzt die Spiegeleier und die Speckstückchen. Fast wie ein echtes Tiroler Gröstl! Sie wusste, dass er im Urlaub besonders die einheimischen Gerichte mochte. Pizza konnte man auch zu Hause essen. Und dazu hätte man in eine Pizzeria gehen müssen! Wo ihr Harald doch so häuslich war. Ihm war es am liebsten, wenn er den Tag in der Ferienwohnung verbringen konnte. Und konnte der kleine Tobias hier nicht mindestens genauso gut herumtollen wie auf einem Spielplatz? Wieder und wieder rannte er wild stampfend und schreiend durch das Treppenhaus. Eine Energie hatte der Kleine!
Die anderen Gäste der Ferienpension waren längst ausgeflogen, diese Unruheherde. Es war besser so, da konnte Tobias un-

gestört ... Und überhaupt: Ein Kind brauchte seinen Freiraum, das war doch unstrittig! Da sollten die alten Leute zwei Wohnungen neben ihnen mal nicht so die Nase rümpfen! Die waren doch vor langer Zeit auch mal jung! Nur hatten sie das offenbar längst vergessen. Sie beklagten sich nicht, sie grüßten sogar, sie waren ohnehin zu aller Welt übertrieben freundlich, als hätten sie nicht alle Tassen im Schrank. Aber Sonja kannte die Menschen, sie kannte sie.

Nun, gut – Tobias war schon ziemlich wild, das musste sie zugeben. Keinen Augenblick konnte er es aushalten, ohne herumzuhampeln, oft brüllte er, dass man es weithin hörte, vor allem dann, wenn ihm etwas nicht passte, auch am Samstag beim Autofahren und am meisten im Stau auf der A8 – ob man es nicht doch einmal mit Medikamenten versuchen sollte? Sie musste wohl wieder mit ihm zum Kinderarzt gehen, auch wenn der sie immer so seltsam anblickte. Was dachte dieser verhutzelte Gnom eigentlich über sie? Sah der denn immer und überall nur das Negative? Gut, es half ja nichts. Ihr Harald konnte sich doch nicht um alles kümmern, aber sie …

Keine Frage, sie hatte getan, was sie konnte, auch wenn sich so oft ihr schlechtes Gewissen regte; sie hatte ihn, schon im Säuglingsalter, einige Male kräftig durchgeschüttelt, wenn sie seine ständige Schreierei nicht mehr aushielt, sie hatte geschimpft, geschrien, geweint – geschlagen, nein, geschlagen hatte sie ihn nie. Trotzdem: Mehr oder weniger regelmäßig machte sie sich die heftigsten Vorwürfe, weil sie ihre Nerven nicht besser unter Kontrolle hatte. Dabei … Ob sie ihn nicht

doch etwas strenger anpacken sollte? Antiautoritäre Erziehung hin oder her! Es ging doch um seine Zukunft, in drei Jahren sollte er eingeschult werden, besser in zwei, um keine Zeit zu vergeuden, und … Aber nein, ein Kind brauchte seinen Freiraum, und wenn sie an ihre eigene Kindheit dachte ...
Aufpassen, damit nur ja kein Spiegelei auslief! Speck, Spiegeleier und Bratkartoffeln – wie das schon duftete! So herrlich würzig, so wunderbar nach den Bergen, nach – ja, einfach nach Urlaub.
Ihr Magen drückte. Wieder einmal. Wie so oft in letzter Zeit. Ob sie vorsichtshalber eine Tablette einwerfen sollte? Aber die half doch meistens gar nicht …
Lieber nach dem Essen, wenn Tobias wieder spielte, noch ein bisschen lesen – wieder etwas, worauf sie sich freuen konnte.
Harald las nicht, Bücher interessierten ihn nicht. Gerade kramte er in einer Schublade – ja, wonach eigentlich? Nach den Autopapieren? Hatte er die nicht erst gestern Vormittag gesucht? Und erst nach längerem Suchen gefunden? Wo waren die da nur? Dass sie sich das nicht hatte merken können! Stattdessen las sie Fantasy. „Die Ewige Nacht“. Nutzloses Zeug. Und nur zu verständlich, dass Harald schon wieder ungehalten wurde, wie immer, wenn etwas nicht so lief, wie er wollte. Da wurde er ganz rappelig und zappelig und bruddelte halblaut in seinen Dreitagebart.
„Wo sind bloß diese Scheiß-Papiere? Hast du nicht aufgepasst, wo wir sie hingelegt haben? Nie passt du auf ...“
Er hatte recht.

Vieles von dem, was er sagte, verstand sie kaum, er nuschelte immer so, wenn er erregt war. Als habe er viel zuviel Speichel im Mund. Oder ließ etwa schon ihr Gehör nach, mit nicht einmal fünfunddreißig? War da nicht manchmal so ein schrilles Pfeifen in ihren Ohren? Jetzt schon? Aber nein, das waren nur ihre Nerven. Sie musste sich eben besser im Griff haben. Harald hatte es doch ungleich schwerer als sie! Und trotzdem …

Sie wusste: Gleich war es sicher wieder soweit, dass er – richtig, jetzt trippelte er zum Kühlschrank und holte sich ein Bier. Bevor sie aß, musste sie sich unbedingt vergewissern, dass noch welches gekühlt war.

Harald hatte aber auch einen so anstrengenden Beruf! Den ganzen lieben langen Tag im Außendienst eines Pharmakonzerns, der ihn mit einem erbärmlichen Gehalt abspeiste! Klinken putzen, endloses Warten, bis die hohen Herren Doktoren, diese Halbgötter in Weiß, diese arroganten Schnösel, sich herbeiließen, ihn endlich zu empfangen; Gespräche über Gespräche, wo er doch lieber ganz für sich war! Und alle hatten irgendetwas auszusetzen und wollten immer gerade das, was nun einmal nicht lieferbar war! Und wer bekam dann die ganze Unzufriedenheit ab? Doch nicht die eigentlich Verantwortlichen in der Chefetage, die doch nicht! Sondern ihr Harald! Immer ging es auf ihn. Da sollte man nicht ungeduldig und missmutig werden!

War es da nicht verständlich, dass er wenigstens im Urlaub seine Ruhe haben und nicht ständig im Menschengewimmel sein wollte! Die Alpen waren nun einmal hoffnungslos überlaufen,

das war einfach so, in Europa gab es eben keine einsamen Plätzchen mehr. Und Tobias konnte doch auch hier im Haus spielen, dazu brauchte er nicht irgendwelche Abenteuer-Spielplätze. Auch wenn die, das musste sie zugeben, in den letzten zehn, zwanzig Jahren, also seit ihrer eigenen Kindheit, immer spannender und einfallsreicher geworden waren. Nur musste man da ständig auf den Kleinen aufpassen, damit nichts passierte, wenn er irgendwo herumkletterte und seine Begeisterung herausschrie. Und Harald …
Gleich mussten die Spiegeleier fertig sein. Wie schön sie wieder aussahen!
Hatte er jetzt die Autopapiere gefunden? Was polterte denn so? Was machte er da bloß? Klar, irgendetwas war immer: Eine Schublade ließ sich nicht reibungslos öffnen. Typisch Harald, immer ging er in solchen Fällen unverzüglich das Problem an. Er hätte sagen können: Was kümmern mich in dieser teuren Ferienwohnung die Schubladen? Wenn sich eine nicht öffnen ließ – kein Aufsehen erregen, sonst kamen die Vermieter womöglich auf die Idee zu behaupten, er habe selber etwas kaputt gemacht und solle dafür haften! Geld, Geld, Geld! Die waren doch alle gleich! Aber nein, ihr Harald …
Dabei hatte er erst gestern Abend, da war es sicher schon elf, alles versucht, die Schublade in Ordnung zu bringen. So laut, dass es ihr fast schon peinlich war. Immer und immer wieder, Schublade auf, Schublade zu, in der Hoffnung, dass sie sich irgendwann wieder problemlos öffnen ließ, es rummste fast schon so, als seien die Möbelpacker am Werk. Dabei war er

zusehends ungeduldiger und wütender geworden, seine Bewegungen wurden immer fahriger – und dann rummste es noch mehr: Der gesamte Obstkorb polterte auf die Fließen in der Kochecke. Das reinste Erdbeben. Nachts um elf in der stillen Pension. Tja ...
Andererseits – die übrigen Gäste sollten sich mal nicht so haben! Sollte er vielleicht die Hände in den Schoß legen, nur weil sie das taten? Dieses träge Pack!
Sieh an, es waren doch nicht alle anderen Untermieter ausgeflogen. Das ältere Ehepaar zwei Wohnungen neben ihnen war auch zu Hause geblieben. Ausgerechnet. Die Frau plantschte unten im Pool und fand dabei wie üblich kein Ende, der Mann lungerte auf dem Balkon herum, las und kicherte ab und zu so idiotisch. Wirklich, ganz komische Menschen. Was die den ganzen lieben langen Tag nur immer miteinander zu erzählen und zu lachen hatten? Sie und ihr Harald redeten kaum – es gab doch nichts zu reden!
Sie nahm das Essen vom Herd und ging ins Treppenhaus, um Tobias zu suchen. Wo der Kleine nur wieder steckte! Na, der kam sicher gleich, wenn er das Essen witterte! Wie ein junger Hund. Zu Hause, nach dem Urlaub, musste sie ihm als Allererstes mal wieder schöne Pommes machen, die mochte er doch so gern! Was für einen Appetit ihr Tobias schon hatte, mit dreieinhalb! Da lachte ihr jedes Mal von Neuem das Herz. Auch wenn ...
Aber Unsinn, der alte Kinderarzt sollte nicht an allem herummäkeln! Die paar Kilo zuviel ... Und jetzt, im Urlaub ...

Wo der Kleine bloß steckte?
Ja, das musste sie einfach zugeben: Manchmal war er schon ziemlich wild. Und gerade heute wieder …
Dabei war er jetzt ganz leise. Das war ungewöhnlich. Ja, wo blieb er bloß? Es gab doch Essen!
„Harald, kommst du?“ Eher leise, fast schüchtern sagte sie das. Die marode Schublade war aber auch wirklich eine Zumutung! Und das bei diesem Mietpreis! Diese Österreicher – hinter dem Geld her wie der Teufel hinter einer armen Seele und die Einrichtung der Ferienwohnung direkt vom Sperrmüll! Nicht einmal einen Backofen gab es hier. Immer noch mühte sich Harald ab und seine Laune wurde zusehends schlechter. Und das nannte sich dann Urlaub!
Sie füllte ihm einen Teller und holte ein Bier aus dem Kühlschrank. Das letzte. Gleich stellte sie zwei neue Flaschen kalt. Er brauchte das nun einmal, er übertrieb es nicht mit dem Trinken, keine Spur – aber wie hatte er einmal gesagt? „Ich trinke mäßig, aber regelmäßig!“ Und schließlich waren sie im Urlaub! Obwohl er zu Hause – aber sie merkte, sie wurde schon wieder ungerecht.
„Tobias!“ Zu laut sollte sie nicht rufen. Das hätte Harald gestört. Der musste sich doch auf die Schublade konzentrieren! Himmelherrgott, wo steckte der Junge nur? Im Treppenhaus? Aber da hätte sie ihn doch gehört! Vorsichtshalber trat sie trotzdem aus ihrer Wohnung und schaute und horchte um sich. Nein, da war er nicht.
Ihr Essen wurde kalt. Wieder einmal …

Harald saß am Tisch und hatte – das tat er immer, sie hatte sich daran gewöhnt – mit der Gabel (das Messer lag unbenutzt da) die Bratkartoffeln und die Spiegeleier zu einer Art Brei zerdrückt. Tief über den Teller gebeugt schob er das Essen hastig in sich hinein. Das Sonnenlicht brachte seine Glatze zum Glänzen. Wie ein Heiligenschein sah das aus.

Heiligenschein – dabei ertappte sie sich dabei, dass es ihr wieder einmal einen Stich gab. Ihre schönen Bratkartoffeln! Ihre schönen Spiegeleier! Und überhaupt – aber nein, sie durfte nicht ungerecht werden. Nicht ungerecht werden.

Es schien ihm zu schmecken, das war schließlich die Hauptsache.

Ob sie es doch noch einmal mit einer Magentablette versuchen sollte?

Tobias …

Plötzlich vernahm sie eine laute Stimme. Die Stimme der älteren, aufgedonnerten Untermieterin, die sich auf einem Liegestuhl am Pool räkelte. Was hatte dieses sonderbare Paar denn jetzt schon wieder durch das halbe Haus zu kreischen und zu lachen? Wirklich – als hätten diese Leute nicht alle Tassen im Schrank!

Aber nein, diese Frau schien nicht ihren Mann zu rufen. Diese Frau rief sie!

Und nun erschrak sie: Tobias? War etwas mit Tobias?

Es hatte fast den Anschein. Sie rannte auf den Balkon und blickte hinunter.

Harald saß immer noch über den Tisch gebeugt und futterte.

Sein Teller war schon fast wieder leer, sein Bierglas auch. Ja, merkte der Mann denn nichts? Merkte er wieder einmal nichts? Tobias – und dabei saß er seelenruhig am Tisch und schaufelte die gelbe Pampe in sich hinein! Da war doch – und er, merkte er denn nie etwas?
Ja, um Gottes Willen, es war etwas mit Tobias! Ihr Kleiner lag auf einer Liege neben dem Pool – klitschnass, hustend, spuckend, schreiend und weinend. Bitterlich weinend. Um Himmels Willen, was war denn passiert?
„Er ist in den Pool reingefallen, einfach reingefallen! Er ist ...“
Unwichtig, was die aufgetakelte Alte da unten mit ihrer schrillen Stimme heraufschrie. Sonja rannte, was sie konnte, hinunter, Harald hinterher. Dass er sie so vorwurfsvoll ansah – sie brauchte gar nicht hinzusehen, um das zu wissen. Und er hatte doch recht! Er hatte so recht! Obwohl – obwohl …
Zweifel stiegen in ihr auf. Hartnäckige Zweifel. Sonja verfluchte sie, hätte sich wegen ihrer zickigen Launen ohrfeigen können, wie es früher ihre Mutter getan hatte. Geknallt hatte es, so richtig geknallt, dass man es weithin hörte, wenn ihre Mutter … Und jetzt wäre das vielleicht wieder einmal heilsam gewesen!
Doch die Zweifel blieben.
Harald … Ob er doch – konnte er denn nicht einmal, nicht ein einziges Mal – ?
Aber nein, sie wurde schon wieder ungerecht. Dass sie das nicht ablegen konnte! Dabei hatte er doch vollkommen recht! Es war ***ihre*** Schuld. ***Sie*** hätte aufpassen müssen! Es war doch ***ihre*** Aufgabe! Harald war doch … ***Er*** musste doch das Geld verdie-

nen! Und ***sie***? ***Sie*** musste doch ...
Wo Tobias doch noch gar nicht schwimmen konnte!
Ihre Rolle, ihre Pflicht als Mutter – sie musste sich doch wirklich einmal hineinfinden …
Wie stand sie jetzt vor den anderen Mietern da?
Und wenn dem Kleinen etwas passiert wäre – nicht auszudenken! Sie hätte sich ihr Versagen nie verzeihen können. Ihr ganzes Leben lang nicht.

Eine Schülergeschichte

Für Christian Junck

Der Adler fliegt allein, der Rabe scharenweise.
Gesellschaft braucht der Tor und Einsamkeit der Weise.
Friedrich Rückert, Die Weisheit des Brahmanen

Ramon hörte den Gong zur achten Stunde. Ganz leise, aus sicherer Entfernung. Nun hatten sie Deutsch. Ödön von Horvath, Jugend ohne Gott. Total ödes Buch, auf dem der Alte mit seinem Rauschebart und seiner fettigen Glatze seit Ewigkeiten herumritt. Schon der Titel – äh, kotz, würg! Und dann erst sein nerviges Verständnis für alles und jeden! Fehlte nur noch, dass er sich ein Schild mit der Aufschrift „Ich bin der Kummerkastenonkel der Nation!“ um den Hals hängte!
Eine volle Viertelstunde hatte er Ramon nach der letzten Klausur, die wie üblich mit einem Minimum an Aufwand hingeschmiert und voller Kommafehler war (dabei: Wer kein Komma setzt, setzt auch keines an der verkehrten Stelle!), nach allen Regeln der Kunst zugelabert.
„Ramon, Sie wiederholen doch die Jahrgangsstufe E! Wenn man sich schon auf die gymnasiale Oberstufe einlässt, dann will man auch Abitur machen, andernfalls bräuchte man sich die Plackerei gar nicht erst anzutun … Ich verstehe ja, dass Sie einen Durchhänger haben. Das kommt vor. Bei jedem. Oder fast jedem. Ganz ehrlich, obwohl ich das gar nicht laut sagen dürfte

als Lehrer: Besser passiert so ein Durchhänger – oder sagen wir, eine Sinnkrise – mal in der Schule als später an der Uni oder sogar im Beruf! Davon kann ich ein Lied singen, das kann ich Ihnen verraten ... Wenn es Probleme gibt – heraus damit, für fast alles lässt sich eine Lösung finden, wenn man nur darüber redet! Aber passen Sie doch wenigstens auf, dass Sie das Schuljahr schaffen, damit es keinen dauernden Flurschaden gibt ...“

Schwules Gesülze! Und dieses plumpe Einschleimen! Ja, hielt ihn denn alle Welt für einen Idioten? Nein, auf diesen senilen Alten konnte er heute sehr gut verzichten.

Außerdem hatte er einen wichtigen Termin. Ein Date.

Bei diesem Gedanken kicherte er in sich hinein.

Er zündete sich eine Zigarette an. Nur noch drei in der Packung. Das Leben war schon teuer. 'Aber wenn man es sich leisten kann …', sinnierte er mit einem zynischen Lachen.

Genüsslich räkelte er sich in der warmen Oktobersonne. Auf einmal hatte er Bock, die billige Parkbank, auf der er saß, umzuwerfen und zu zertrümmern und den übervollen Papierkorb gleich dazu.

Lieber nicht, zu viele Spaziergänger unterwegs, irgendwelche Omis und Opis mit ihren sabbernden Dreckstölen …

Einfach chillen. Keinen Stress haben und sich keinen machen.

Der alte, vergammelte, versiffte Geschichtslehrer mit dem ekelhaften Schnurrbart und den nikotingelben Fingernägeln, der in jeder Pause nach Schülern Ausschau hielt, die unerlaubterweise den Schulhof verlassen hatten und hier qualmten – ob der jetzt

immer noch seine Runden drehte? Wie ein Soldat auf verlorenem Posten?
Besser die Augen offen halten …
Sein Handy vibrierte. Eine SMS eines Klassenkameraden, der ihn fragte, wo er stecke. Dazu ein augenzwinkerndes Smilie. Blödmann, der sah doch zumindest, wo Ramon ***nicht*** steckte! Reichte das denn nicht?
Jetzt einfach „Fuck“ brüllen, so laut, wie es irgendwie ging! Oder Ameisen tottrampeln, schön langsam von oben zerquetschen. Wenn sie dann verzweifelt hin und her rannten und versuchten, sich zu retten …
Ein frei laufender Mops näherte sich ihm. Ramon zog die Beine auf die Sitzfläche hoch. Nervige Töle! Warum, verdammt und zugenäht, war der denn nicht angeleint?
„Wotan, komm!“, rief das alte Herrchen des Hundes und sagte lachend zu Ramon: „Der sieht zwar aus wie ein Kampfhund, aber er will nur spielen, der kleine Rabauke!“
Ja, verfickte Scheiße, konnte man ihn denn nicht einfach in Ruhe lassen? Wie wäre es übrigens, wenn man dem blöden Vieh ganz langsam die Halsschlagader aufschnitt?
Kein Lehrer weit und breit … Klar, es war ja Nachmittag. Da gingen sie nach Hause und pennten auf dem Sofa, ratzten wie bekloppt, dann soffen sie kannenweise Kaffee, korrigierten Arbeiten oder glotzten heimlich Pornos im Internet und taten sich fürchterlich leid, weil sie seit Ewigkeiten keinen mehr hochkriegten. Aber dafür hatte er jetzt im Park seine Ruhe.
Die Sonne war schön warm, die Blätter rauschten. Auf der Erde

lag noch nicht viel Laub.
Dass er sich immer noch mit solchen Belanglosigkeiten aufhalten musste! Sonne! Wind! Blätter! Wer war er denn? Irgendein Muttersöhnchen?
Gedankenverloren tippte er auf dem Handy herum.
Was es wohl im Internet Neues gab? Oder …
Ja, das war auch eine Möglichkeit. Ein bisschen die Chats auf Facebook lesen. Vor allem …
Wenn der kleine Stricher auch nur ein Sterbenswort ausplaudern sollte, dann überlebte er das nicht, darauf konnte er Gift nehmen, das schwor sich Ramon.
Na, dieser blöde Kanackenkrüppel hielt schon seine blöde Klappe! Für immer und ewig! Garantiert!
Ramon schnippte die Kippe auf den Boden und zündete sich die nächste Zigarette an. Ja, glotzt nur, ihr blöden Typen, dachte er, als ein älteres Paar herüberschaute. Ihr könnt mir gar nichts! Niemand kann mir was! Niemand!
Der Chat von gestern …
Obwohl das pure Routine war. Ab und zu musste man dem Kleinen aus der 7. Klasse, diesem Assi, diesem asiatischen Muttersöhnchen, halt mal zeigen, wo es lang ging. Das schaffte er doch mit Links! Wie er überhaupt alles mit Links schaffte. Klar, die ganze Schulscheiße nicht, die war nicht mehr mit Links zu schaffen. Waren das Zeiten, als er für gute Zeugnisnoten seinen Großvater abkassiert hatte! Zehn Euro für eine Zwei, zwanzig für eine Eins – und der Opa hatte immer gerne sein dickes Portemonnaie gezückt und geblecht. Selber schuld. Aber

das war einmal. Nun, gut, man war schließlich auch kein kleines Kind mehr.

Die Begrüßung gestern war wie immer gewesen. Rau, aber herzlich.

„Hi, kleine Kröte! Na, schon eins auf die blöde Fresse bekommen heute?“

Und als der Kleine nicht gleich zurückschrieb:

„Ey, Sklave, willst du wohl antworten, wenn dein erhabener Meister sich herablässt, mit dir zu sprechen?“

Nach einiger Zeit kam die Antwort: „Nein.“ Dazu ein trauriges Smilie. Heulsuse!

„Was? Du willst heute nicht mit deinem erhabenen Meister sprechen? Du weißt, was das bedeutet?“

Diesmal reagierte der abgefuckte Zwerg rasch: „Nein, erhabener Meister, ich habe heute noch keins auf die Fresse bekommen.“ Trauriges Smilie.

„Dann wird es aber Zeit, damit du nicht übermütig wirst, du behinderter Krüppel!“

Lange Pause. Dann: „Was soll ich machen?“

„Das heißt: Was soll ich nichtsnutziges Stück Scheiße machen, erhabener Meister?“

„Was soll ich nichtsnutziges Stück Scheiße machen, erhabener Meister?“ Wieder ein trauriges Smilie.

„Dein Lebensberechtigungsschein läuft morgen ab. Das weißt du?“

Längeres Schweigen.

„Willst du erbärmliches Nichts etwa gegen deinen Meister

aufbegehren? Du weißt, was das für Folgen hat! Das tut weh! Aber so richtig weh! Du wirst wieder flennen wie ein kleines Mädchen! Noch viel mehr als letztes Mal! Ich sage dir: Letztes Mal hast du geflennt, weil du ein verficktes Muttersöhnchen bist, eine feige Memme. Aber diesmal wirst du allen Grund zum Flennen haben!"

Rasch kam die Antwort: „Nein, ich will nicht gegen meinen erhabenen Meister aufbegehren. Was verlangst du, erhabener Meister?"

„Na, bitte, geht doch. Du bist morgen Punkt drei im Park an der gewohnten Stelle. Der Tarif ist teurer geworden, diesmal kostet die Verlängerung deines Lebensberechtigungsscheins für zwei Wochen 30 € statt bisher 20. Dazu kommen 15 € Säumnisgebühren und damit kommst du noch viel zu gut weg."

„Erhabener Meister, so viel habe ich nicht! Ich habe schon letztes Mal meiner Mutter 20 € geklaut, das hat sie bestimmt gemerkt! Bitte, erhabener Meister, ich flehe dich an! Ich habe danach die ganze Nacht nicht schlafen können! Und morgen um drei habe ich Gitarrenunterricht!"

Ramon erinnerte sich, wie ihm gestern die Galle hochgekommen war, als er das gelesen hatte.

„Du weißt, was das jetzt bedeutet?"

Längeres Schweigen.

„Weißt du etwa nicht, was deine asozialen Widerworte bedeuten? Muss ich deinem Gedächtnis auf die Sprünge helfen?"

„Ich weiß es, erhabener Meister." Zwei heulende Smilies. Wie einfach das mal wieder ging! Wenn man nur den richtigen Ton

anschlug bei diesen Weicheiern ...
„Für dein unbotmäßiges Verhalten bekommst du morgen bei unserem Date acht Ohrfeigen, auf jede Backe vier. Das wird dich Kröte lehren, deinem erhabenen Meister mit dem gebotenen Respekt zu begegnen."
Antwort: drei weinende Smilies.
„Zehn Ohrfeigen, damit du endlich Demut lernst, du nutzloses Ungeziefer, du stinkende kleine Ratte!"
„Alleruntertänigsten Dank für die gnädige und wohlverdiente Strafe, erhabener Meister!" Vier plärrende Smilies.
„Dass man dich immer erst mit der Nase auf alles stoßen muss! Aber du bist ja dumm wie sonst was, da kann man nichts anderes erwarten. Du wirst sofort, wenn du mich siehst, auf die Knie gehen und mir die Füße küssen und dich erst erheben, wenn ich es dir erlaube. Haben wir uns verstanden?"
„Sehr wohl, mit Freuden, erhabener Meister." Fünf traurige Smilies.
„Und du weißt: Wenn du auch nur ein Wort verrätst, reiße ich dir den Arsch auf! Ich finde dich überall, egal, in welchem Dreckloch du dich verkriechst, du nichtswürdiger Sklave, du behinderter Assi, du dreckige Kröte, du verficktes Stück Scheiße!" Sofort danach ging er off. So sah er die Antwort des Kleinen erst ein paar Stunden später: sieben oder acht flennende Smilies.
Das hatte wieder einmal gut getan! Was war das eine erbärmliche Kreatur! Dieser Zwerg hatte es doch wirklich nicht besser verdient!

So ein Chat war doch immer wieder total relaxend!
Oh, er suchte sich seine Opfer schlau aus! Ihm konnte keiner etwas! Der Kleine zum Beispiel, der war den ganzen Tag alleine zu Hause, weil seine Mutter, irgendeine Bergbäuerin aus Afghanistan oder Pakistan oder Scheißistan oder Motherfuckistan, irgendwo arbeitete, um Geld für ihr behindertes Scheiß-Leben beizubringen. Die sollte sich mal trauen, gegen ihn vorzugehen! Wo sie doch froh sein konnte, nicht ins nächste Flugzeug nach Hinterasien verfrachtet zu werden. In den Gepäckraum, weil das am billigsten war.
Und in was für Klamotten ihr kleiner Bastard herumlief!
Ob Ramon zwischendurch nach Hause gehen sollte? Sich seine Entschuldigung in den PC tippen und sie von seinem Erzeuger unterschreiben lassen wie schon so oft? Der Alte unterschrieb eh alles, was man ihm vor die Nase legte, notfalls unterschrieb er auch noch das Papier, in dem der Fraß von der REWE-Käsetheke verpackt gewesen war, Hauptsache, er hatte Ruhe. Aber dann wäre wieder das blöde Gesülze gekommen, wie gestern, als er sich etwas zu essen in sein Zimmer geholt hatte: „Ramon, Sohnemann, du hilfst doch am Samstag mit, wenn wir deiner Schwester ihr Apartment im Studentenwohnheim tapezieren?“
Klar – der schönen Sophie, der intelligenten Sophie, der genialen Sophie, der fleißigen Sophie. Der Kalten Sophie, ha, ha! Seiner vorbildlichen Schwester, seiner Streber-Schwester, seiner Oberschlau-Schwester, seiner Keine-Zeit-für-einen-Kerl-ich-muss-lernen-Schwester! (Ob sie wohl lesbisch war?) Wenn die

etwas brauchte, rannte die ganze Familie. Und wenn man ***ihn*** brauchte, dann glaubte man, ihn nur mit „Sohnemann“ anlabern zu müssen, um ihn rumzukriegen.
Als ob er das nötig hätte ...
Ruhe? Die hatte er wirklich nur, wenn er sich in seinem Zimmer verkroch und die Musik volle Pulle aufdrehte. Oder eben hier im Park. Und wie schön, wenn dann auch noch sein Opfer ankroch, flennend und bibbernd vor Angst, vor ihm durch die Hundescheiße robbte und –
Ob er ihm diesmal einfach befahl, die Hose bis auf die Knöchel herunterzulassen, und ihn auf den nackten Knien ein paar Minuten auf dem Kiesweg herumrutschen ließ? Was würde dieser Loser jaulen und flennen und um Gnade wimmern! Bis er, Ramon, ihm schließlich großzügig erlauben würde aufzustehen.
Und man könnte ein paar Fotos von dieser witzigen Szene machen und sie ins Netz stellen. Oder, viel besser, ihm androhen, das zu tun – wenn er das vermeiden wollte, müsste er eben zusätzlich dafür bezahlen …
Was für Möglichkeiten sich da auftaten!
Wenn es hier nur nicht so viele Spaziergänger gäbe – schade, da ging so vieles nicht.
Ob er den kleinen Stricher mal nachts um drei in den Park bestellen sollte? Und dann …
Was man da mit ihm anstellen konnte! Das Internet bot ja genügend Anregungen. Klar, das Meiste, das sich Ramon ansah (auf Seiten, die erst ab achtzehn freigegeben waren, aber was juckte ihn das!), war nicht zu realisieren. Schade eigentlich,

dabei ging es da so richtig ab! Da wurden Weiber mit Strom gefoltert oder gekreuzigt, sogar ein Filmchen von der Steinigung einer Ehebrecherin in – in was für einem verfickten muslimischen Steinzeitland war das gleich wieder? – hatte er mal entdeckt, schade, dass die Bildqualität so miserabel war, dass man nicht mal das Blut sah. Da wurden irgendwelchen Kerlen Zigaretten auf der Haut ausgedrückt, dass es nur so zischte, fast konnte man sich einbilden, vor dem PC-Monitor die verkokelte Haut riechen zu können – aber leider zu riskant, da entdeckte die Mutter der kleinen Kröte, die dicke, fette Krötenmutter, die sich vermutlich auch nie anders bewegte als eine dicke, fette Kröte, sicher die Verletzungen ... Und wie die Opfer immer so herrlich wimmerten und brüllten und sich wanden und um Gnade bettelten! Einfach unbezahlbar. Aber klar: Live war immer noch am besten. Soweit es eben machbar war. Und vieles war machbar, vieles. Sehr vieles ...

Seine Eltern bekamen ja nichts mit. Die bekamen nie etwas mit! Von nichts! Von gar nichts! Wenn es sich irgendwie vermeiden ließ, setzten die keinen Fuß in sein Zimmer, solange er zu Hause war. Bei seiner lauten Musik! Die hörten eh lieber Klaviergeklimper oder Streichquartette, dideldi, schrumm, schrumm ... Zudem betütelten sie doch viel lieber seine aufgeblasene Schwester, die war so ganz nach ihrem Geschmack mit ihrem Jura-Studium! Und seinen kleinen Bruder Lars, den verwöhnten sie am allermeisten. Weil der irgendeine Assi-Sprachstörung hatte und regelmäßig zu irgendeinem Quacksalber musste, um nicht vollends in der Klappse zu landen. Ach, der kleine Lars hatte es doch soooo schwer, laber, laber ... Wenn dieser nichtsnutzige Bastard brüllte, grölte, plärrte, rannten sie auch alle. Klar. Und ***er*** ... Seit er sich erinnern konnte, war das so gewesen. Schon immer. Aber das wusste er: dass die Normalen überall im Leben zu kurz kamen. Scheiß-Eltern, Scheiß-Familie, Scheiß-Schule, Scheiß-Welt!

Als zum Beispiel Ramon letzten Sommer die Versetzung nicht geschafft hatte (der Mathelehrer, der ihm 0 Punkte gegeben hatte, war aber auch ein ausgemachtes Arschloch!) – da hatte sein Vater nur mit seinem ewig bekümmerten, belämmerten Gesichtsausdruck zu ihm gesagt: „Du bist alt genug, du musst selber wissen, was du tust." Das war alles gewesen. Dieser jämmerliche Luschi! Dieses tuntige Weichei!

Und für den behinderten kleinen Bruder, das Spasti-Nesthäkchen – für den waren sie immer da! Für den rissen sie sich den Arsch auf! Zu jeder Tages- und Nachtzeit!

Dagegen er, ***er*** ... „Ramon, du bist ja alt genug ... Ramon, du musst schon ein bisschen selbstständiger werden ... Ramon, mach das mal alleine ..."

Wobei er sich im Grunde darüber im Klaren war, dass er es gar nicht anders wollte. Er war ja kein kleines Kind mehr! Schon lange nicht mehr. Schon ganz lange. Schlimm genug, dass er jemals eines gewesen war.

Lars war aber auch schon längst kein kleines Kind mehr. Nur behandelten sie ihn so. Kein Wunder, er fuhr auch immer schön brav mit ihnen in ihren bescheuerten Urlaub in ihr spießiges Südtirol, jedes Jahr in dieselbe Pension, in irgendeinen

Bergbauernhof am Arsch der Welt. Ziegen streicheln, Lämmer durchs Haus tragen, Kühe melken, mit dem verlausten Hofhund rumknutschen. Und nicht mal Internet hatten sie da oben! Klar, Lars war ja so schwachsinnig, dass er so etwas Uncooles auch noch mit vierzehn begeistert mitmachte. Oder war er bei aller Schwachsinnigkeit doch so hintertrieben, dass er ganz genau wusste, wie er sich bei den Eltern einschleimen konnte? Zuzutrauen war ihm das allemal.
Ramon stand eh nicht auf Familie. Er doch nicht! Familie, das ganze Getue mit Eltern und Großeltern und Onkeln und Tanten, das war doch völlig uncool! Das ödete einen an wie sonst was! Diese sentimentale falsche Freundlichkeit und Abknutscherei! Seine Mutter: Wenn die etwas sagte, dann klang es so, als wolle sie jeden ihrer Sätze mit den Worten ergänzen: „Ach, wie niedlich!“ Also: „Ramon hat eine halbe Stunde lang Schnee geschippt – ach, wie niedlich! Heute gab es im Supermarkt schon wieder Spekulatius – ach, wie niedlich! Ich habe eine Fruchtfliegenfalle gekauft – ach, wie niedlich!“ Die Großeltern? Sie liebten ihn abgöttisch und das war für ihn das Allerschlimmste. Wenn er sie ignorierte oder mit ausgesuchter Arroganz und Unfreundlichkeit behandelte, dann setzten sie ihren waidwunden Blick auf, erst recht tapfer entschlossen, ihr „Enkelchen“ zu lieben und zu verwöhnen und sich um ihn zu bemühen.
Nichts verstanden sie, nichts! Keiner verstand ihn! Keiner auf dieser Scheißwelt!
Verstand denn niemand, dass er einfach seine Ruhe haben

wollte? Seine Ruhe vor all diesen Losern?
Der kleine Stricher konnte heute aber wirklich etwas erleben ...

„Ist er das?“
Was war denn das jetzt? Eine fremde Männerstimme in seiner Nähe? Ging es um ihn?
Verdammte Scheiße, zwei Bullen!
Sie kamen direkt auf ihn zu. Hinter ihnen die kleine Kröte und die verwanzte Krötenmutter. Und sein Alter! Sein Erzeuger! Wo kam der auf einmal her? Und was wollte er?
Er zwang sich dazu, ruhig zu bleiben. Wer konnte ihm denn etwas?
„Gib doch eben mal kurz dein Handy her“, sagte einer der Polizisten. Scheißfreundlich! Wie diese Typen halt sind.
In diesem Augenblick hätte er sich sonst wohin beißen können. Was musste er auch die ganzen Chats speichern! Wo die Bullen doch garantiert zu bescheuert waren, um gelöschte Dateien wiederherzustellen.
„Was haben wir denn da?“
Blödmann!
„Na, ***darüber*** sollten wir uns mal in aller Ruhe unterhalten, mein Freund – und keine Frechheiten, wenn ich dir einen guten Rat geben darf ... Hiergeblieben! So einfach kommst du nicht aus dieser Sache raus!“
Gut, das gab jetzt wohl ein bisschen Ärger. Papa hatte sicher schon seinen Staranwalt alarmiert und der musste dann halt ein bisschen rumlabern. Und vermutlich regten sich die Lehrer

tierisch auf. Als wenn ihm das nicht am Arsch vorbeiginge! Sollten sie ihn doch rausschmeißen! Da suchte er sich eben irgendeinen Job, Regale einräumen bei REWE, bis sich neue Einnahmequellen auftaten. Das bekam er doch mit Links hin! Also ganz realistisch gesehen: Wo war das Problem?
„Unterstehen Sie sich, mich anzugrabschen, Sie notgeile Schwuchtel, sonst zeige ich Sie an wegen sexueller Nötigung!"
Alles kein Problem, nur cool bleiben ...
„Ich frage mich, was bei dem eigentlich falsch gelaufen ist, dass er auf so hirnrissige Ideen kommt ..." Jetzt fing auch noch der zweite Bulle an mit solchem Gesülze wie sein Deutschlehrer! Statt einfach seinen Job zu machen! Etwa Raser abzukassieren wie zum Beispiel Ramons Alten mit seinem mickrigen Opel ... Überhaupt sein Alter: Was glotzte der denn so komisch? Was pflanzte er sich auf einmal so vor ihm auf?
Mit einem Mal durchfuhr Ramon ein riesiger Schrecken. Dieses Gesicht! Dieses vor Wut verzerrte Gesicht! Ehe er einen Gedanken fassen konnte, hatte der Vater weit ausgeholt und ihm mit aller Kraft eine Ohrfeige verpasst, dann gleich noch eine. Reflexartig wich Ramon einen Schritt zurück, dabei stolperte er und fiel auf den Hosenboden. Panische Angst kam in ihm auf. Schon stand sein Vater wieder vor ihm, groß und breit wie ein Riese, zog ihn hoch – gleich, gleich würde er wieder auf ihn einprügeln! Ramon drehte fast durch vor Angst. Jeden Augenblick mussten ihm die Beine wegknicken.
Kaum realisierte er, dass einer der Polizisten den Vater einen Schritt zurückzog und ihm beruhigend die Hand auf den Arm

legte. Ebenso wenig, dass ihm der andere Polizist auf die Beine half und sagte: „Na, dann komm mal mit!“ Und zum Vater gewandt: „Wenn Sie wollen, können Sie für Ihren Sohn schon mal einen Rechtsanwalt verständigen.“ Worauf dieser wütend ausstieß: „Ich denke nicht daran, das könnte dem so passen! Soll er doch selber sehen, er ist alt genug ...“

Er bemerkte nur, dass sein Gesicht auf einmal nass war. Tränenüberströmt.

Und ja, eigentlich fand er die Stimme des Polizisten, der kurz seinen Arm berührt hatte, sogar ganz angenehm.

Einmal rund herum

Ich werde bereits erwartet. Fünf, nein, sechs Wanderer mit Rucksack stehen an der Talstation der Seilbahn und halten Ausschau nach dem Nachzügler. Das fängt ja gut an!
Wo ich doch ohnehin überhaupt kein Gruppenmensch bin! Am liebsten wandere ich alleine, da bin ich mein eigener Herr und habe meine Ruhe. Oder mit meiner Frau, soweit sie mit ihrem lädierten Knie mithalten kann. Aber wenn ich mich richtig auslaufen will, ziehe ich ohne Begleitung los.
Heute liegen die Dinge allerdings anders. Ich wollte so gerne einmal nicht im Spessart, am Rhein oder in der Pfalz unterwegs sein, sondern zur Abwechslung in den Alpen. Wer weiß, wie lange ich das noch kann, ich bin ja schon 47! Der Meraner Höhenweg sollte es sein – den hielt ich für machbar, auf der Karte erschien er mir als nicht besonders schwierig und ich bin eben ein Mittelgebirgswanderer und sollte mal hübsch auf dem Teppich bleiben.
Und da sprach meine Frau ein Machtwort. Nicht dass sie mich zurückgehalten hätte, dazu ist sie viel zu klug. Aber sie bestand darauf, dass ich diesmal in Begleitung losziehen sollte, am besten in Begleitung eines Bergführers. So surfte ich denn kreuz und quer durchs Internet, verliebte mich unsterblich nacheinander in die Dolomiten, den Dachstein, die Mont-Blanc-Umrundung und die Modetour Oberstdorf – Meran, lag halbe Nächte wach, voller Vorfreude auf meine aktuelle Traumtour, in die sich regelmäßig die Selbstzweifel mischten, bis ich zu der Entschei-

dung kam: Wohl doch zu anspruchsvoll für mich, die Zeiten sind vorbei, es ist halt eben, wie es ist. Schließlich wurde ich auf die geführten Bergwanderungen einer nicht ganz so renommierten Bergführervereinigung aufmerksam. Ich sah, dass dort der Meraner Höhenweg angeboten wird („Einmal rund herum!"), informierte mich über diese Route, überschlug den Preis, überwand endlich meine Bedenken und buchte die Tour für die fünfte Sommerferienwoche, Ende August.
Je näher der Termin rückte, desto unwohler fühlte ich mich in meiner Haut. Nicht wegen der Wanderung – die traute ich mir denn doch zu. Aber wie gesagt, ich bin so gar kein Gruppenmensch. Und ich trotte nun einmal nicht gerade gerne wie ein Herdentier hinter einem Leithammel her. Gruppe habe ich das ganze Jahr über. Mehr als genug. Ständig im Kollegium oder, wie es neuerdings so idiotisch euphemistisch heißt, im Team. Und zu Hause, in der Kleinstadt, in der ich wohne; keinen Fuß kann ich aus der Tür setzen, ohne dass mich Gott und die Welt grüßen, ansprechen oder fragen, ob der Schüler X oder die Schülerin Y aus der Klasse 7 soundso im Halbjahreszeugnis noch auf eine Zwei minus minus in Geschichte kommen könne, schließlich dürfe man ihm oder ihr ja nicht den Weg an die Sorbonne verbauen. Das ganze Tralala eben, nichts kann ich unbeobachtet tun. Und dann das hier … Na, ist nun nicht mehr zu ändern. Die Stornierung der Tour ein paar Tage vor dem Start wäre mir definitiv zu teuer gewesen.
Nun, gut – da bin ich also. An der Talstation der Seilbahn von Dorf Tirol zum „Hochmuter". Ein älterer Mann tritt auf mich zu

und drückt mir die Hand, dass es fast weh tut. Wettergegerbte Haut, aufrechter Berglerblick. „Servus, grüß dich, habe die Ehre, du musst der Wulf sein. Da hat es ja doch noch geklappt. Ich bin der Bergführer, der Silvio. Waschechter Südtiroler, auch wenn der Name italienisch ist."
An das Duzen muss ich mich erst einmal gewöhnen, sonst vermeide ich das, wo es nur geht. Aber gut, darauf bin ich ja vorbereitet, das scheint oberhalb von 1500 m Höhe so Usus zu sein. So freundlich, wie ich es nur zuwege bringe, schaue ich die sechs Leute an, mit denen ich in den nächsten Tagen unterwegs sein werde, und sage: „Hallo, ich bin der Wulf, tut mir leid wegen der Verspätung – die Straßen von Meran sind heute wieder fürchterlich verstopft ..."
Irre ich mich oder interessiert das im Grunde niemanden?
Wir steigen in die Seilbahn und fahren hinauf. Donnerschlag, sind das prächtige Ausblicke, schon aus der Gondel! Und wie mag es wohl dann erst oben sein? Zuerst schweben wir über Obstgärten, dann über Wiesen, schließlich über Wälder, unter uns versinkt das weitläufige Meraner Becken, immer mehr Berge kommen in Sicht. Und ja, da hinten sieht man auch schon Dolomitenzacken. Ganz klar sind sie heute. Haben wir ein Glück mit dem Wetter!
Meine Mitwanderer unterhalten sich, wie mir scheint, bestens. Ist das eigentlich eine geschlossene Gruppe, kennen die sich schon seit Ewigkeiten? Nein, kann eigentlich nicht sein.
„Oben machen wir uns erst mal miteinander bekannt", sagt nämlich jetzt Bergführer Silvio. Gehört wohl zur Routine.

Na, super! Ich muss an meine letzte 7. Klasse denken, die völlig neu zusammengewürfelt war, als ich sie vor einem Jahr als Klassenlehrer übernahm. Da opferte ich auch erst mal eine volle Schulstunde für die Vorstellerei, obwohl doch schon so viel Unterricht ausfällt, wegen allerlei schulischer Sonderveranstaltungen, und der Druck durch die Eltern und die Schulleitung immer größer wird. Das ging dann ungefähr so: „Hi, ich bin der Lukas, ich spiele wahn – sin – nig gerne Fußball, am liebsten als linkes Eckfähnchen, ich habe einen Golden Retriever, der ist so rich – tig süß, und ich spiele wahn – sin – nig gerne Computerspiele ..."
Ja – und oben, am Hochmuter, früher mal (jedenfalls habe ich das im Internet gelesen) ein Bergbauernhof, jetzt aber ein Restaurant mit ein paar Hundert Sitzplätzen, lassen wir uns an einem langen Tisch nieder. Gleich erscheint die Kellnerin in einer Art Bergleruniform, aber als sie Silvio sieht, verzieht sie sich wortlos. Man kennt und schätzt sich offenbar.
„So, liebe Leute, wer ich bin, wisst ihr ja schon. Ich bin 52 und seit knapp 30 Jahren Bergführer."
Das sieht man. Kein Gramm Fett am Leib, nicht zu groß, nicht zu stämmig, ungefähr vier Mal so viele Falten im Gesicht wie mein Mathe-Kollege, der – sehr gegen seinen Willen – vor ein paar Wochen mit 67 in den Ruhestand verabschiedet worden ist. Was der wohl jetzt mit seiner Zeit anfängt, wenn er keine Wandtafeln mehr mit Mathe-Aufgaben vollkritzeln kann?
„Ich bin gerne Bergführer, weil es mir Spaß macht, den Gästen unsere Berge zu zeigen", sagt Silvio, „Und man lernt immer

wieder ganz interessante Leute kennen, das gefällt mir auch an meinem Beruf."

Hm – ganz glaubwürdig klang das jetzt nicht. Aber gut, ich kann mich täuschen.

„So, jetzt schaut euch erst mal in aller Ruhe um, wir haben heute ja ein traumhaftes Wetter und da hinten sieht man wunderbar die Dolomiten, Latemar, Rosengarten, ihr kennt ja die Sage vom Rosengarten, vom Zwergenkönig Laurin ... Und dann erzählt einfach mal was von euch. Wir sind ja eine sehr kleine Gruppe, ganz individuell, weil drei Gäste kurzfristig abgesagt haben. Grippewelle mitten im Sommer, was es nicht alles gibt bei euch in Deutschland! Stellt euch einfach kurz vor – eure Berufe sind nicht so wichtig, die spielen hier oben auch keine Rolle. Auf dem Berg sind alle Menschen gleich. Übrigens, da hinten, die drei schlanken Zacken, das sind die berühmten Vajolettürme, fast so berühmt wie die Drei Zinnen ..."

„Dann fange ich mal an", sprudelt es aus einer blonden Fünfzigjährigen in leicht rheinländischem Tonfall heraus. „Ich bin die Monika, hallo! Meine Freunde nennen mich Mona. Ich bin Arzthelferin und freue mich wahn – sin – nig, mal mit einem richtigen italienischen Bergführer unterwegs zu sein!"

„Südtiroler", verbessert Silvio.

„Wie?"

„Ich bin Südtiroler, nicht Italiener. Das ist ein ganz großer Unterschied! Wir sind Tiroler und reden Tirolerisch und Deutsch ist Amtssprache."

„Zusammen mit Italienisch, oder?", frage ich.

„Ja, aber das sprechen die meisten bei uns eh nicht richtig. Die Italiener haben über Jahrzehnte versucht, uns zu Ihresgleichen zu machen – keine Chance, sag' ich dir, keine Chance! Und überhaupt: Ihr stellt euch nicht vor, was die mit meinem Opa angestellt haben – na, ich erzähl's euch irgendwann mal ..."
Monika unterbricht ihn, sie ist noch nicht fertig. „Also wirklich, ich freue mich rie – sig! Wir passen auch alle supergut zusammen, ich glaube, wir haben uns sooo viel zu erzählen!"
Am liebsten würde ich der Dame, die ich ja jetzt wohl Mona nennen muss, auch etwas erzählen …
„Ich bin die Waltraud", ruft jetzt eine ziemlich – nun, ja – vollschlanke Frau auf Hochdeutsch. Woher mag sie stammen? Jetzt fange ich Doofkopp auch schon mit solchen Kinkerlitzchen an …
„Ich bin Steuerfachangestellte, bin 53, wenn ich das so sagen darf (an sich werden wir Frauen ja nie älter als 29, hihihi ...) und komme aus Frankfurt. Frankfurt am Main, nicht Frankfurt an der Oder. Kennt ihr die Geschichte von den zwei Australiern, die 2006, als wir in Deutschland das Sommermärchen hatten, bei uns in Frankfurt das Hotel Oderbruch gesucht haben? Haben natürlich in der ganzen Stadt nirgendwo ein Hotel Oderbruch gefunden, bei uns gibt's keinen Oderbruch, höchstens mal einen Knochenbruch, im Bahnhofsviertel oder bei der Eintracht, hihihi! Bis sie einen Polizisten um Hilfe baten, weil sie nicht wussten, wohin. Der kannte das Hotel auch nicht, aber der hat wohl gemerkt, dass da irgendwas nicht stimmte. Und dann hat der – doof sind die ja nicht bei der Polizei, auch wenn's

manchmal so aussieht – dann hat der also bei seinem Revier angerufen, die haben das gecheckt und rausgefunden, dass das Hotel Oderbruch in Frankfurt an der Oder ist, eine halbe Weltreise entfernt. Die hatten das verwechselt, diese Australier, ganz einfach verwechselt, unser riesiges Frankfurt mit diesem verschlafenen Frankfurt an der Oder!“ Sie lacht sich fast kringelig.

Wie oft mag sie diese Geschichte schon erzählt haben? Herr, lass Vorhängeschlösser regnen – das kann ja heiter werden …

„Ich bin die Birgit aus Gelsenkirchen, besser bekannt unter dem Namen Schalke – ihr wisst doch: Blau und Weiß ein Leben lang! Ich bin 36, und wie es aussieht, bin ich hier das Küken. Dass ihr mir ja liebevoll mit mir umgeht! Und damit das klar ist: Ich bin in festen Händen! Da sitzt mein Oller. Mein Herr und Gebieter. Bildet er sich jedenfalls ein, dass er das ist, und ich lass' ihn in dem Glauben, Männer vertragen nicht die Wahrheit. Ach, so, ja, ich bin Grundschullehrerin in einem rein weiblichen Kollegium, ihr stellt euch nicht vor, wie toll es dort ist, fast wie in einer großen Familie, und ja, ich freue mich auch rie – sig, dass wir uns hier getroffen haben.“

Jetzt will der „Olle“ das Wort ergreifen, aber eine unscheinbare Grauhaarige kommt ihm zuvor: „Hallo erst mal, ich bin die Ursel aus Norderstedt, ich bin 56 – ist hier jemand älter? Na, dann hat mir immer einer der Herren den Rucksack zu tragen, dass das klar ist, hihi … Ich bin Heilpraktikerin, und seit mein Jüngster aus dem Haus ist, der ist zu seinem Freund gezogen, aber damit hat man ja heute keine Probleme mehr ...“

„Und ich bin Birgits Oller, ich bin der Udo“, sagt ein überaus korpulenter, überaus fröhlicher Mann mit kahlrasiertem Schädel, „ich bin 49 und Filialleiter bei einer Supermarktkette, reden wir nicht lange darum herum, bei REWE, und ich hoffe doch sehr, dass die Hotels, bei denen wir einkehren, auch alle brav bei uns einkaufen! Qualität hat ihren Preis, aber keine Qualität ist Scheiß – muhahaha! Ich bin, wie gesagt, 49, also wirklich ein Oller im Vergleich zu meiner Birgit, stimmt's, Mädchen? Aber je oller, je doller! Ist doch wahr, Silvio, oder?“
„Das könnte schon so sein“, grinst der.
„Hab mir halt auf meine alten Tage noch mal was Junges, Hübsches, Knackiges geangelt – jung bin ich nicht mehr, nur noch hübsch und knackig. Vor allem knackig. Bei mir knacken ständig die Gelenke! Muhahahaha!“
„So, Wulf“, sagt Silvio ungerührt, „jetzt bist du noch dran!“
Ich kann wirklich nicht behaupten, dass ich mich wohlfühle. Sehnsüchtig schweifen meine Blicke hinüber zu den Dolomiten. Das links vom Rosengarten, ist das der Langkofel? Und dahinter – die Sella?
„Los, anfangen! An – fangen!“, ruft Waltraud und legt kurz ihre Hand auf meinen Unterarm. Solche Vertraulichkeiten mag ich ja nun überhaupt nicht, aber hier, in der Gruppe … Und ich will auch kein Spielverderber sein. Also, gut.
„Ich bin der Wulf, das haben Sie, äh –“
„Ab sofort gibt jeder, der Sie sagt, eine Runde Enzian aus!“, ruft Udo laut dazwischen.
„Hast du denn schon mal Enzian getrunken?“, fragt Silvio.

„Dieses Teufelszeug?“
„Also – äh – ihr habt ja meinen Namen schon gehört, Wulf, ich bin 47 und komme aus Südhessen.“
Gucken sie enttäuscht? Reicht ihnen das nicht? Aber Waltraud unterhält sich schon ganz angeregt mit Mona.
„So, Leute, dann wollen wir mal! 'Einmal rund herum' ist das Motto unserer Tour, der Meraner Höhenweg ist eine Rundtour und führt rund um den Naturpark Texelgruppe. Eine traumhaft schöne Route, viel unberührte Natur, aber auch sehr viel Bergbauernland, ihr werdet ja sehen, ihr werdet viel Spaß haben! Also auf geht's, packen wir's!“
Sieben Tage …
Aber Silvio hat recht. Es ist wirklich ein überragend schöner Weg, gleich auf den ersten Metern. Eben und hoch über dem Tal verlaufend, man sieht unglaublich weit, zudem gar nicht mal schwierig zu gehen. So habe ich mir das vorgestellt, hier in den Alpen. Ganz tief unten im Mittagsdunst liegt Meran, man sieht die viel besungene und zersungene Etsch nach Süden fließen, dreißig, vierzig Kilometer weit, die vielen, vielen Berge, im Westen schimmert ganz oben Schnee ...
Die Damen ein paar Schritte vor uns sind eifrig am Erzählen. Besonders tut sich jetzt Birgit hervor, die schon wieder die Vorzüge eines rein weiblichen Lehrerkollegiums anpreist.
„Ist das da hinten Bozen? Müsste doch Bozen sein, die große Stadt dort!“, sage ich zu Udo, der sich zu mir gesellt hat. Wir gehen im Gänsemarsch, der Weg ist schmal. Man sollte schon aufpassen, wohin man tritt. Wer hier runterfliegt, fliegt weit.

Auch Silvio hat uns eindringlich ermahnt, konzentriert einen Fuß vor den anderen zu setzen. Entweder gehen oder schauen, aber nicht beides zugleich.
„Also, Wulf, ich muss schon sagen", entgegnet er, „du hast uns alle mächtig enttäuscht."
Auf seiner Glatze bildet sich Sonnenbrand, er trägt keine Mütze und die Haut glänzt im grellen Mittagslicht.
„Wieso denn das?"
„Sollst dich vorstellen und gibst rein gar nichts von dir preis. Bist du Hartz-4-Empfänger?"
„Wie kommen Sie –"
„Eine Runde!", brüllt er. „Eine Runde Enzian für alle! Du hast 'Sie' gesagt! Leute, hallo, hört mal her! Unser Wulf gibt gleich nachher eine Runde Enzian aus!"
„Lieber erst heute Abend", redet Silvio erfolglos gegen den Frohsinn an.
„Ja, Wulf, du hast überhaupt nicht gesagt, was du von Beruf bist. Hast du was zu verbergen? Gehst du auf den Strich? Oder noch schlimmer: Spielst du beim BVB? Muhahahaha ..."
„Rate doch mal, was ich von Beruf bin, ich verrat's dir nicht. Hier oben sind alle Menschen gleich, das hast du doch gehört, die Berge interessieren sich nicht für unsere Berufe!"
„Die Berge nicht, aber ich! Und ich bin kein Berg – höchstens ein Fleischberg! Muhahaha ... Aber im Ernst, mein Lieber, das bei mir, das sind nur Muskeln und Samenstränge! Muhahahaha ..."
Ich blickte demonstrativ ins Tal. Dort fährt gerade ein

Bummelzug in den Bahnhof Meran ein, winzig klein, aber man sieht ihn deutlich.
„Was ist, was hast du?“, fragt Udo.
„Da unten, schau mal, der Zug ...“
„Ja, ja, lenk mal nicht ab, das kennen wir, kennen wir alle! Das machen die Politiker auch immer. Bis auf die AfD. Also – wovon verdienst du denn nun deine Brötchen? Was arbeitest du?“
„Im Moment gar nichts, ich will nur die Landschaft genießen.“
„Na, nun sei mal nicht gleich eingeschnappt, du bist doch kein Mädchen! Pass auf, bei der nächsten Kneipe trinken wir erst mal ein Bier miteinander, dann verstehen wir uns! Und guck mal, da kommt auch schon eine, wie gerufen. Mit schönem Biergarten! Bloß die alte, baufällige Holzhütte, mit der kann man doch keinen Staat mehr machen!“
Jetzt, so früh, schon ein Bier? Bei dieser Hitze? Und dann noch eineinhalb Stunden wandern? Wer weiß, ob der Weg nicht doch schwieriger wird? Wo sind wir hier? Klar, bei der Leiter Alm. Steht ja da.
„Schaut euch mal die alte Almhütte hier an“, sagt Silvio. „Wie die gebaut ist! Aus lauter rohen Stämmen. Und schon ein paar Hundert Jahre alt. Bis vor ein paar Jahrzehnten gab es hier oben keinen Strom und nichts, da musste man alles von Hand machen, die Bergwiesen kann man auch gar nicht anders als mit der Sense mähen, und guckt euch mal an, wie steil die sind, was das für eine Arbeit ist, die zu mähen! Und gefährlich! Früher ist kein Bergbauer in seinem Bett gestorben, könnt ihr euch das

vorstellen? Sondern der eine beim Heumachen auf der nassen Bergwiese, der zweite durch eine Lawine, andere durch Steinschlag, im Gewitter, einer ist mal von einem umstürzenden Baum erschlagen worden. Aber ein Südtiroler stirbt lieber beim heimatlichen Hof in der Höhe als in einer Bozener Mietskaserne, wo er nur Italienisch hört."

„Guckt mal, die haben auch vegetarische Gerichte", ruft Waltraud begeistert aus. „Kennt ihr den Witz, wo ein Finanzbeamter die Fleischsteuer bei einem Vegetarier eintreiben will?"

„Ich möchte wissen, wie die hier oben ihre Lasagne machen", sagt Mona. „Hoffentlich tragen die ihr Hackfleisch nicht im Rucksack rauf! Sonst gibt's da drin mehr Fleisch, als einem lieb ist!"

„Fleisch ist ja ohnehin sooo ungesund!", ruft Birgit. „Beim letzten Kolleginnenfest haben wir Tomatensoße, Tomatenstücke, Zucchinistücke und Auberginen zwischen grüne Nudelstreifen gemacht, das war su – per – lecker. Und dazu gab's Aperol!"

Ich beäuge ein kleines Wölkchen auf halber Höhe des Berges gegenüber. Wird das nicht zusehends größer? Bekommen wir noch ein Gewitter?

Udo hat mich nicht vergessen. „Komm, Wulf, wir bestellen uns jetzt unser Bier und dann erzählst du mir, was du bist, mir kannst du's doch sagen! Und von dem Wölkchen da drüben lass dich mal nicht verrückt machen! Das ist so bedeutsam wie ein Fliegenschiss oder ein BVB-Angriff!"

Ich kann mich nicht wehren, er zieht mich ein bisschen auf die Seite.

„Jetzt lassen wir die Frauen mal ihre Frauengespräche führen. Weiber eben. Wirtschaft, zwei Bier! Was habt ihr denn hier für Bier?"
„Forster", sagt die Kellnerin.
„Kenn' ich nicht. Ist das italienisches?"
„Südtiroler. Forst liegt gleich da unten, gehört zu Meran."
„Gut, dann bringen Sie mal in Gottes Namen zwei – wie haben Sie gesagt? – Forster, wenn Sie nichts anderes da haben! Also – du hast gesagt, im Moment arbeitest du gar nichts?"
„Ja, das stimmt doch auch! Du siehst doch, dass ich nicht arbeite! Oder?"
„Aber sonst arbeitest du doch? Oder – ", sein Gesichtsausdruck wird pfiffig, „arbeitest du auch nichts, wenn du arbeitest? Muhahahahaha … Du bist doch nicht etwa Lehrer? Hab ich's erraten? Aber mach dir nichts daraus, Junge, ich hab' nichts gegen Lehrer, die tun doch nichts – muhahaha! Ah, da kommt schon unser Bier. Ging ja fast so schnell wie bei uns. Nee, die Gläser können Sie gleich wieder mitnehmen, wir trinken aus der Flasche. Prost, Wulf! Auf dein Wohl! Auf einen schönen Urlaub! Also du bist Lehrer? Ich tippe mal auf Gymnasium, du bist so – ich sag' mal, so vornehm! So – so ..."
„Stimmt genau. Gymnasium. Französisch und Geschichte."
„Ui, Französisch! Parlez-vous français? Nee, das wäre nichts für den Sohn von meiner Mutter. Zum Glück gibst du kein Deutsch, zum Glück. Das hätte mir jetzt doch aufs Gemüt geschlagen. Weißt du, mein Sohn aus erster Ehe, der hatte da so eine Deutschlehrerin, eine richtige Dragonerin, kann ich dir sagen, so

eine alte, fette, frustrierte Schrapnelle, bei der hat er kein Land gesehen, kein Land, sag' ich dir! Die hat ihn immer runtergeputzt, wenn der nicht so robust gewesen wäre – na, das Robuste hat er nicht von seinem Vater geerbt, der hat das Robuste nämlich selber noch. Muhahaha!“

Eigentlich sollte ich eben mal ein Foto machen, das Licht ist gerade so gut. Die Berge über der Alm werden wunderbar angestrahlt. Schon erstaunlich, wie hoch hinauf hier noch Bäume wachsen. In Oberbayern gedeiht auf dieser Höhe meistens gar nichts mehr. Ich erhebe mich und nehme meine Kamera.

„Ich bring dir das Bier hinterher, da kannst du fotografieren und wir können weiterquatschen. Oder wir rufen eben schnell Birgit, die kann ein Foto von uns beiden machen. Birgit, kommst du mal eben? Komm doch mal!“

Ich winke ab. Muss nicht sein. Es stört ihn nicht weiter.

„Also“, redet er weiter, „ich hab ja auch ein paar Lehrer unter meinen Kunden, das heißt, von den meisten Kunden weiß ich ja nicht, was sie sind, ist ja auch egal, Hauptsache, sie zahlen, aber von denen weiß ich's. Die interessieren sich hauptsächlich für den französischen Rotwein in unseren Regalen, muhahaha ... Also um auf meinen Filius zurückzukommen – die Aufsätze! Ich sage dir, die Aufsätze, an allem hatte die was auszusetzen – Thema verfehlt, Sprache unterirdisch, Rechtschreibung mangelhaft! So eine dämliche Tusse ...“

„So, Wulf, Udo“, sagt Silvio, „wir müssen dann mal weiter! In eineinhalb Stunden sind wir am Hochganghaus, an unserem Etappenziel! Da gibt's eine Kegelbahn!“

„Und der Verlierer gibt eine Runde Enzian aus!“, ruft Udo aufgekratzt. „Prost, Wulf, alter Schwede! Zurückgehen lassen gehört sich nicht! Was auf den Tisch kommt, wird getrunken!“

„Dass Männer immer Bier trinken müssen, tagein, tagaus“, sagt Ursel.

„Zu dumm, dass es hier oben in dieser Einöde keinen Aperol gibt!“, ruft Birgit. „Aber sonst ist es su – per – ro – mantisch hier, Kompliment, Silvio, Kompliment!“

„Aber, Udo“, Silvio wird jetzt sehr ernst, „du solltest dir wirklich eine Mütze aufsetzen. Du hast schon jetzt Sonnenbrand auf dem Kopf und bis heute Abend ...“

„Ach, was, mein Führer“, grölt Udo, „ein Indianer kennt keinen Schmerz!“

„Nein, bitte setze jetzt was auf, sonst müssen wir heute Abend den Notarzt rufen! Ich glaube, ich kann das ein bisschen besser einschätzen!“

Mit einem Mal wird Udo ganz kleinlaut, zieht zwar eine Schnute, aber gehorcht. Wie in der Schule.

In diesem Augenblick scheint es einen heftigen Disput zwischen der Kellnerin und italienischen Gästen zu geben. Die Italiener reden schnell und laut, ich verstehe kein Wort. „Was ist denn da los?“, frage ich Silvio.

„Ach“, winkt der ab, „die beschweren sich, weil sie so lange auf was zu trinken warten müssen. Aber die sollen sich mal nicht so haben. Es ist schon so: Italiener haben im Urlaub nie Zeit!“

Ich meine mitbekommen zu haben, dass sie keine zehn Minuten nach uns hier angekommen sind. Und wir waren eine gute halbe

Stunde hier.
„Kennt ihr den!“, legt Waltraud los. „Da sitzt einer in einer Kneipe und bestellt zwölf Schnäpse und trinkt alle. Dann bestellt er zehn Schnäpse und trinkt sie auch. Dann bestellt er sechs – ach, so, nee, stimmt nicht.“ Sie rechnet mit ihren Fingern. „Zwölf – zehn – acht … Also er bestellt zuerst zwölf Schnäpse, dann zehn, dann acht und trinkt sie alle. Und dann bestellt er sechs ...“ Vor Kichern kann sie kaum weiterreden.
Wir machen uns startklar.
„Moment noch, langsam, ich muss fertig erzählen. Also dann bestellt der Typ sechs Schnäpse. Sagt der Wirt: Sie bekommen Ihre sechs Schnäpse, aber sagen Sie doch mal, was das hier eigentlich soll! Sagt der Typ: Ich m-mache e-eein Exp-eriment! Sagt der Wirt: So, und was für ein Experiment? Sagt der Typ: W-wissen Sssie, das ist – k – omisch, jjje wweniger ich – trinke, d-esto bessssoffener werd' ich!“
„Also beruflich kann ich das überhaupt nicht lustig finden“, sagt Ursel aus Norderstedt. „Als Heilpraktikerin … Und ich kann euch sagen: Ich hatte schon Patienten! Also ich darf ja nicht zuviel erzählen, ihr wisst ja, Schweigepflicht, aber ich kann euch sagen, ich hatte da mal einen, der ...“
Der Weg führt jetzt steil bergauf. Ich merke, dass das Hochgebirge doch etwas anderes ist als der Spessart oder die Pfalz. Ein paar Schritte hinter dem stoisch und gleichmäßig vorausstapfenden Silvio folgen schwer atmend unsere Damen, verschleppen das Tempo, so gut sie können, und unterhalten sich weiterhin höchst angeregt. Ursel erzählt von ihren Patien-

ten (so viel zum Thema Schweigepflicht), Birgit von ihrem immerwährenden Ärger mit den überfürsorglichen Eltern ihrer Grundschüler und den großen Pausen in der Schule mit Aperol und Sekt im Lehrerzimmer, Mona jongliert mit vegetarischen Kochrezepten, Waltraud gibt einen Witz nach dem anderen zum besten, den von dem Säufer, der das Experiment mit den Schnäpsen macht, bereits zum zweiten Mal.
Den Schluss bilde ich zusammen mit Udo, der längst wieder obenauf ist. Dem Herrn REWE-Filialleiter läuft inzwischen der Schweiß in Strömen herunter, aber das scheint ihn nicht weiter zu stören; immer noch klagt er mir sein Leid über die Lehrer seines Sohnes – inzwischen hat er die Deutsch- und Englischlehrerinnen abgehandelt und ist beim Physiklehrer angelangt („sein Unterricht war so furztrocken, dass die ganze Klasse eine Stauballergie bekam, muhahahaha!“). Und dann schlägt er den Bogen zum Schiedsrichter des letzten Bundesligaspiels von Schalke 04, das nur wegen dessen idiotischer Entscheidungen sein großes Saisonziel Champions League verpasst habe.
Und mittendrin ich.
Die Wälder sind wunderbar urwüchsig und duften, wie sie nur in dieser Höhe duften können, im Tal glitzert die Etsch, die bizarren Felsberge im Osten werden von der Nachmittagssonne angestrahlt, aber die verschwindet langsam, nach und nach wabern Nebelfetzen, die Wolken nehmen immer mehr zu. Zieht ein Gewitter auf? Silvio treibt uns wohltemperiert autoritär zur Eile an, damit wir noch rechtzeitig vor dem Regenguss die Hütte erreichen, es hilft nichts, die Gruppe trottet durch die

Landschaft und redet, redet.
Inzwischen über Krankheiten, über die Pflege alter Familienmitglieder, über Patientenverfügungen, über den muslimischen Vorsitzenden eines Schützenvereins aus Wanne-Eickel, über Urlaubsreisen. Einmal fragt Ursel, ob man nicht einfach mal die Anoraks auf einer kleinen Waldlichtung ausbreiten und sich ein Viertelstündchen in die Sonne setzen könne, sie habe gerade riesengroße Lust dazu – nur verschwindet die Sonne gerade endgültig hinter den Gewitterwolken. Als Silvio sie darauf hinweist, antwortet sie: „Aber das macht doch nichts, es ist doch so schön warm und notfalls ziehen wir uns eben die Pullis über!"
Udo erzählt mir zur Abwechslung des Langen und Breiten von einer Jugendfreizeit seines Handballklubs in Kroatien, bei der er als Betreuer mitgefahren ist: „Kennst du das kroatische Bier? Trink bloß keines! Die können kein Bier brauen, die Jugos können das alle miteinander nicht! Und wenn man sie darauf anspricht, spielen sie beleidigt. Immer darauf schauen in Kroatien und Slowenien und überhaupt den ganzen Jugo-Ländern, ob es deutsches Bier gibt!" Ich war noch nie in Kroatien, es zieht mich auch nicht sonderlich dorthin, aber das geht ihn nichts an und irgendwann gibt er es auf mit mir und erzählt den Damen von der neuen Parfümerie bei REWE, die sogar Douglas ausstechen werde; ich trotte alleine am Schluss der Gruppe, Silvio schaut schon besorgt, ob ich das Tempo mithalten kann – keine Sorge, lieber Silvio, du berufsmäßiger Südtiroler mit italienischem Namen, ich komme schon mit, aber

ab und zu blicke ich sehnsüchtig zu den Bergen über unserem Weg, die immer höher und immer wilder werden, und ins Tal und auf Blumen am Weg und auf zwei Murmeltiere ganz in der Nähe. Die sitzen da völlig ruhig, lassen sich nicht im Geringsten von uns stören, aber plötzlich stößt eines einen schrillen Pfiff aus. Silvio hebt die Hand: „Habt ihr das gehört? Ein einzelner Pfiff! Das heißt: Gefahr aus der Luft, normalerweise durch – seht ihr, da oben, da ist er schon! Ein Steinadler! Schaut ihn euch an! Die Steinadler waren mal fast ausgerottet. Wie er segelt! Bis zu zwei Metern Spannweite haben seine Flügel, bis zu zwei Metern! Ah, jetzt dreht er ab, die Murmeltiere sind ihm entwischt, aber er hat Zeit, viel Zeit ..."
Waltraud erzählt derweil den nächsten Witz und Udo lästert über Borussia Dortmund.
Noch sechs Tage. Noch sechs lange Tage.

Jörg Kramer

Für Michael Rusch

1

„Ich verstehe nicht, dass die das in diesem Stuttgart nicht in den Griff kriegen! Oder kriegen ***wollen***."
Walter Gygax fuhr aus seinen Gedanken hoch.
„Was kriegen die nicht in den Griff?"
„Na, das mit den roten Ampeln!", schimpfte sein Vater am Steuer. „Jede geht auf Rot, wenn man kommt. Immer dasselbe!"
Walter blickte auf seine Uhr. Noch eine knappe Stunde. Wie sich das wieder hinzog ...
„Das schaffen wir schon, du kriegst deinen Zug. Keine Frage. Wenn nur diese blödsinnige Ampel ... Ja, was ist denn? Fahr doch los, du Hornochse! Es ist doch schon seit einer halben Ewigkeit grün!"
Walter fand es wieder erstaunlich, dass sein Vater zwar ständig schimpfte, aber nie hupte.
„Jetzt fahr doch endlich ..."
Wieder ein Blick zur Uhr. Einfach, damit Walter etwas hatte, wohin er schauen konnte.
„Ich möchte bloß wissen, warum du nicht endlich mal selber den Führerschein machst wie jeder normale Mensch." Beim Anfahren beugte sich Vater Gygax etwas zum Autoradio und suchte einen Sender. Walter warf einen Blick in die Fußgänger-

zone. Ob die zwei großen Buchhandlungen noch existierten? Die eine hatte früher auch ein gutes Schallplattenangebot gehabt. Ob es da jetzt CDs gab? Als Student war er oft dort gewesen, da hatte er noch bei seinen Eltern gewohnt und war jeden Tag nach Stuttgart an die Uni gefahren.
Noch vier große Ampelkreuzungen bis zum Hauptbahnhof.
„Deine Mutter würde dich gerne etwas öfter sehen", sagte Herr Gygax in seiner langsamen Sprechweise, jedes Wort betonend.
Das altbekannte Thema!
„Ich schaue, dass ich es einrichten kann", antwortete Walter.
„Ich bitte darum!"
Die nächste rote Ampel. „Rot ist die Farbe des Fortschritts", sagte Walter, um etwas zu sagen.
„Wie kommst du denn voran in deiner Schule? Kommst du überhaupt voran? Willst du eigentlich dein ganzes Leben da oben am Niederrhein versauern?"
Das ganze Wochenende über hatte der Vater nur von sich erzählt, von seinen grandiosen Erfolgen bei seinen letzten Lesungen aus seinem Gedichtband „Der Schönbuch im Lauf der Jahreszeiten" in einem Seniorenheim und beim Kaffeekränzchen der an MS Erkrankten, die er zu Tränen gerührt habe. Von einem Türkenwitz, den ihm der Nachbar erzählt hatte. Oder was ein achtzigjähriger ehemaliger Fußballtrainer in einem Fernsehinterview über die aktuelle Mannschaft des MSV Duisburg gesagt hatte. Aber klar, dieses Thema musste jetzt noch kommen, auf den letzten Drücker.
„Geht schon."

„Ich weiß nicht, ich bin felsenfest davon überzeugt, dass du es dir immer im Leben mit den falschen Leuten verdirbst – du bist 36, du wirst nicht jünger, die Zeit läuft dir so langsam davon."
Sie schwiegen und warteten wieder an einer Ampel. Als sie losfuhren, hätten sie beinahe einen Radfahrer übersehen, der noch die Straße überquerte, obwohl schon Rot war.
„Du saudummes Arschloch!", brüllte der Vater. Sogar jetzt hupte er nicht, er gestikulierte nicht einmal. Nach ein paar Augenblicken verfiel er wieder in seine normale Sprechweise: langsam, laut und jedes Wort betonend. „Ob du nicht doch in eine Partei eintreten solltest? Da oben, am Niederrhein, da ist man katholisch, da kommt ja nur eine in Frage ..."
„Ich passe da nicht rein, darüber haben wir doch schon so oft geredet. Und ich habe keine Lust, meine freie Zeit bei irgendwelchen aufgeblasenen Kommunalpolitikern zu verbringen."
„Du wehrst dich mit Händen und Füßen dagegen, erwachsen zu werden, ich verstehe das nicht, du bist einfach nur dumm ..."
Mit den letzten drei Ampeln hatten sie mehr Glück. Herr Gygax fuhr ins Parkhaus des Hauptbahnhofs und fand nach einigem Suchen einen genügend breiten Platz für seinen BMW. Sie stiegen aus.
„Viel Zeit hast du nicht mehr. Ich wünsche dir eine gute Fahrt – und ruf an, wenn du ankommst, bitte!"
Aber Walters Zug fuhr doch erst in 40 Minuten! Na, umso besser – es war wieder einmal überstanden.
„Übrigens, da fällt mir ein: Kannst du dich an Jörg Kramer erinnern?"

„Jörg Kramer? Ja, klar, mit dem war ich doch früher im Schachclub und auf Turnieren – was ist mit dem? Den habe ich schon ewig nicht mehr gesehen, ich glaube, seit acht Jahren. Oder neun?“
„Der sitzt in Untersuchungshaft.“ Das kam so, als rede Vater Gygax gerade über das Wetter.
„Wie, bitte? Was sagst du da? Wieso das denn?“
„Er soll jemanden ermordet haben. Mehr weiß ich nicht, ich halte mich da raus. Der dumme Kerl – sich sein Leben so zu versauen!“
„Umgebracht? Aber – Moment mal, der war doch ...“
„Er war immer sehr höflich, da kann man nichts sagen. Gut erzogen. Und tierlieb war er, sehr tierlieb. Anders als sein Busenfreund, dieser Johannes Ehrmann. Der hat mal unseren Hund mit dem Fuß auf die Seite geschoben, dabei wollte der Gustl nur schnüffeln. Das vergesse ich ihm mein ganzes Leben lang nicht, diesem falschen Kuttenprunzer. Irgendwann wische ich dem noch mal eins aus.“
Stimmt, fiel es Walter ein, Johannes wollte ja katholischer Priester werden. Oder sollte. Keine Ahnung. Aber hatte er das Theologiestudium nicht abgebrochen? Auch ihn hatte Walter völlig aus den Augen verloren. Etwas erstaunt registrierte er, dass es ihm um den eingeschlafenen Kontakt zu Jörg jetzt leid tat, während er Johannes nicht im Geringsten vermisste.
Herr Gygax wollte einsteigen und losfahren.
„Also jetzt noch mal langsam – Jörg soll ...“
„Jemanden umgebracht haben. Auf eine total schweinische Art,

auf eine unvorstellbar schweinische Art, also da ... Ich wollte dir das nur sagen, ich habe gedacht, das könnte dich interessieren. Und wenn ich dir einen guten Rat geben darf: Halte dich da raus! Du kannst dir dabei nur ins eigene Fleisch schneiden!"
Er gab seinem Sohn die Hand.
„Auf Wiedersehen! Und Jörg ist ja so ein saublödes Rindvieh! Eigentlich hat er mit so was sein Leben verwirkt."
„Na, ein Christ wäre da anderer Meinung, der würde jetzt sagen: Kein Mensch darf einen anderen verurteilen. Ich wäre da vorsichtiger ..."
„Das ist mir viel zu ideologisch. Totaler Quatsch. Vollkommener Blödsinn. Da kann mir einer sagen, was er will. Aber du musst zu deinem Zug! Gute Fahrt habe ich dir schon gewünscht. Ruf an, wenn du zurück bist! Und wie gesagt: Deine Mutter würde sich sehr freuen ..."
„Ich sehe zu, dass ich das einrichten kann."
„Ja, ja, wenn du nur alles auf die lange Bank schieben kannst ..."
Als der Vater gerade in seinen BMW einstieg, gab sich Walter einen Ruck.
„Ich soll dich noch einmal von meiner besseren Hälfte grüßen!"
Aber da hatte Herr Gygax schon die Autotür zugeschlagen, dass es durch das Parkhaus hallte, ließ den Motor aufheulen und fuhr los.

2

Walter fragte sich nicht einmal, warum er im Zug andauernd an Jörg Kramer denken musste.

Na, ja, sie hatten sich früher ganz gut verstanden. Weil sie beide im selben Schachclub und zudem gleichaltrig waren. Eigentlich waren sie drei, da gab es eben noch Johannes Ehrmann. Walter war mit beiden befreundet gewesen, aber immer ein ganz klein wenig außerhalb gestanden.

Dass er nach all den Jahren so wenig über die zwei wusste! Vor allem über Jörg. Was um alles in der Welt war da bloß passiert? Was sollte die Andeutung seines Vaters, Jörg habe jemanden nicht nur umgebracht, sondern – wie hatte der Alte sich ausgedrückt? – auf eine total schweinische Art?

Vater Gygax konnte über vieles nicht konkret sprechen, das war schon so gewesen.

Und jetzt zerbrach sich Walter den Kopf.

Jörg Kramer?

Gerade heute kam er kaum von Fleck. Nicht nur, dass der Intercity, in den er in Karlsruhe umsteigen musste, eine Viertelstunde zu spät eintraf, er wartete dann noch einmal geschlagene zehn Minuten in Mainz auf einen Anschlusszug.

Jörg Kramer …

Walter dachte an nichts anderes mehr. Was um Himmels willen war da nur Fürchterliches passiert?

Wenn er doch endlich zu Hause gewesen wäre! Zu Hause, in seiner kleinen Wohnung in Rheydt!

Schon meldete sich wieder das Magenbrennen, wie immer, wenn er seine Eltern besucht hatte. Und er wusste: Das ging jetzt den ganzen lieben langen Tag über nicht mehr weg.
Zum Teufel mit dem ewig klugen Geschwätz dieses alten Despoten! Dieses Schönbuch-Dichterfürsten! Sich anpassen, sich heraushalten! 'Ich mache ja doch, was ich will!', dachte Walter wütend.
Nur: Wann hatte er endlich den Mut, das seinem Vater unmissverständlich klarzumachen? Wenn ihm nur seine Mutter nicht so leid täte! Die konnte zwar Walters Partnerin auch nicht ausstehen, aber trotzdem …
Jörg Kramer …
Sie waren nicht in derselben Schule gewesen. Walters Eltern hatten es abgelehnt, ihn in das katholische Gymnasium der Kleinstadt zu schicken, in der sie seit einiger Zeit lebten. Dann besser ein dreiviertelstündiger Schulweg nach Stuttgart, wo es mehrere staatliche Gymnasien gab! Jörg dagegen besuchte diese katholische Schule. Hatte sich Walter dort nicht sogar einmal als Lehrer beworben, um nur ja nichts zu versäumen? Aber ja, er hatte das total verdrängt! Und der Schulleiter hatte beim Vorstellungsgespräch wissen wollen, ob er, Walter, regelmäßig den Gottesdienst besuche!
Herr Gygax hatte gebrüllt und getobt. Wieder einmal hatte sein Sohn eine Chance verpasst! Der war aber auch unbelehrbar! Und dumm, einfach dumm! Eine Enttäuschung, eine einzige Enttäuschung, die größte Enttäuschung seines Lebens! Es sich mit allen Leuten zu verderben! Diese Worte trafen Walter so

schmerzhaft wie seinerzeit die Ohrfeigen des jähzornigen Vaters den 16- und 17-jährigen Sohn. Dabei wusste er genau, dass der Alte im Unrecht war! Aber der hörte ihm ja nicht einmal zu! Nicht ums Verrecken! Der ließ sich von nichts, aber auch gar nichts von seiner vorgefassten Meinung abbringen!
Walters Mutter hatte so entsetzlich geweint ...
Dass er über Jörg so wenig wusste, über diesen stillen, weich wirkenden Jungen mit den langen, immer widerspenstigen dunklen Haaren! Klar, Schachspieler waren nicht die allerkommunikativsten Menschen! Walter, Jörg und natürlich Johannes hatten ganze Tage und Nächte Schach gespielt und dabei kaum ein Wort geredet, schon gar nichts Persönliches.
Trotzdem ...
Was hätten Walters Eltern jetzt erzählen können? Was wussten sie eigentlich, womit hielten sie hinter dem Berg? Er wurde zornig und zugleich schmerzte wieder sein Magen. Da wollte er heute doch lieber nicht in den Speisewagen gehen und dort einen Tee trinken! Der taugte in der Bahn ohnehin nichts.
Wie hatte sich der Alte ausgedrückt? Er habe Jörg als freundlich und tierlieb in Erinnerung. Das stimmte, das konnte wirklich keiner bestreiten. Und ja, eher leise, eher weich, kein Kämpfertyp und daher beim Schach auch längst nicht so erfolgreich, wie er es hätte sein können. Zumal er in schwierigen Situationen schnell resignierte.
Eigenartig, was ihm jetzt alles wieder einfiel!
Jörgs Eltern? An dessen Mutter konnte sich Walter praktisch nicht mehr erinnern. Außer dass sie immer ihren Namen ins

Telefon schrie, wenn sie abhob. „Hier Kramer!!“ Da platzte einem fast das Trommelfell.
Der Vater war ein sehr einfach gestrickter Mann mit Bauch und Halbglatze, der meistens zu den Schachabenden kam, um mit dem Wirt und einem weiteren Gast Skat zu spielen. Dabei ging es gelegentlich ziemlich laut zu, Herr Kramer wurde fröhlich, knallte übermütig die Karten auf den Tisch und sang manchmal: „Aus dem Walde schallt es dumpf: Pik ist Trumpf, Pik ist Trumpf!“ Oder solche Sachen.
Das fiel Walter mit einem Mal wieder ein! Lauter kleine Details, lauter Puzzleteile! Wie lange hatte er daran keinen Gedanken mehr verschwendet!
Jetzt sah er ganz deutlich zwei Einzelheiten vor sich, eigentlich seltsam, dass er nicht gleich daran gedacht hatte: Jörgs Eltern hatten immer Dackel, die grundsätzlich Waldi hießen, und die ganze Familie war streng katholisch. Der Dackel war genauso verkläfft und dickköpfig, wie man es der Rasse nachsagte, und wurde von allen grenzenlos verhätschelt. Ja, und auf die katholische Kirche ließ Jörg nichts kommen (Vater Gygax hatte seinen Sohn allerdings von Anfang an ermahnt, darüber nicht zu diskutieren – wer bei den Wölfen lebe, müsse mit den Wölfen heulen); wenn Walter einmal zu polemisch wurde oder Witze über den Papst machte, konnte Jörg richtig böse werden. Dabei war er sonst die Sanftmut in Person.
Und nicht nur auf den Papst ließ er nichts kommen, auch auf Johannes Ehrmann.
Himmelte er den nicht geradezu an? Hatte er ihn jemals auch

nur leise kritisiert? Waren die beiden nicht immer unzertrennlich gewesen? Der sanfte, weiche Jörg und Johannes, der so charmant war, so einfühlsam schauen und lächeln konnte und im Grunde – das war Walter eigentlich erst sehr spät klar geworden – doch ein purer Zyniker war. Der um Himmels willen nur ja nicht in sich hineinblicken ließ! Nein, auf Johannes hatte Walter gut verzichten können.
Schlüpfrige Witze, zweideutige Bemerkungen – damit hatte Jörg nie auch nur das Geringste anfangen können.
Hatte er eigentlich jemals eine Freundin gehabt?
Warum interessierte Walter das alles auf einmal? Das war doch nicht normal! Auch wenn Jörg ...
'Komm mal wieder runter!', ermahnte er sich selbst. Wie so oft und wie fast immer erfolglos.
Jedenfalls, überlegte er und legte seine Hand auf die schmerzende Magengegend, war es doch schade, dass sie sich nach dem Studium so rasch aus den Augen verloren hatten. Dabei hätten sie so viel zu erzählen gehabt – wenn sie für sich waren, ohne Johannes Ehrmann. Hatte Jörg nicht ebenso wie Walter das Lehramt an Gymnasien angestrebt? Was hatte er gleich wieder für Fächer? Deutsch und Englisch? Zuletzt war er wohl – aber da war sich Walter überhaupt nicht mehr sicher – Referendar in oder bei Karlsruhe gewesen. Alles schon so lange her, so viele Jahre – wie die Zeit verging ...
Hatte er an einer Schule in Karlsruhe unterrichtet? In Karlsruhe, wo Walter vorhin umgestiegen war?
Plötzlich versetzte es ihm einen Stich.

War Jörg etwa jetzt auch in Karlsruhe – ? War Walter gerade nahe an seinem früheren Freund vorbeigefahren, ohne es zu ahnen? An Jörgs – Gefängniszelle?
Was war da bloß passiert?
Hätte er Jörg vielleicht helfen können, wenn sie sich nicht aus den Augen verloren hätten? Wollte er Jörg vor knapp zehn Jahren nicht sogar einmal in Karlsruhe besuchen? Doch, es war Karlsruhe gewesen, Karlsruhe, nicht Freiburg, keine Frage. Warum hatte das damals eigentlich nicht geklappt?
Und dieser Jörg, diese Sanftmut in Person, sollte jemanden umgebracht haben? Auf „total schweinische Art" zudem? Aber der konnte doch keiner Menschenseele etwas zuleide tun! Und jetzt war da womöglich etwas – ja, die Andeutungen des Alten ließen keinen anderen Schluss zu – etwas Sexuelles ... Und er, Walter, sollte sich wie immer heraushalten! Weil es ihm schaden konnte – weil er es sich sowieso schon immer mit den falschen Leuten verdorben hatte und endlich erwachsen werden sollte, mit bald vierzig! Und weil ein Mörder sein Leben verwirkt hatte!
Wieder krampfte sich sein Magen zusammen und zugleich packte ihn ein ohnmächtiger Zorn.
Sein Leben verwirkt!
Hirnrissiges gutbürgerliches Geschwätz!
Jörg war doch sein Freund gewesen! Trotz allem! Auch wenn sie so wenig voneinander gewusst hatten – und obwohl Johannes, dieser Hornochse ...
Diese Warterei! Diese elende Warterei! Ausgerechnet heute fuhr

der Zug offenbar besonders langsam durch das Rheintal! Kurven, nichts als Kurven – und man kam kaum vom Fleck!
In keinerlei Hinsicht.
Wenn er nur schon zu Hause gewesen wäre! Aber jetzt steckte der Zug schon wieder geschlagene fünf Minuten kurz vor Bonn fest, wohl an einem roten Signal.

3

Als Walter gegen Abend, müde und mit immer noch schmerzendem Magen, bei seiner Wohnung ankam, fand er in seinem Briefkasten die Visitenkarte eines Hauptkommissars Frank Eichhorn vom Landeskriminalamt Nordrhein-Westfalen. Gleich rief er seine Eltern an. Um es hinter sich zu haben.
„Du bist spät“, sagte sein Vater am Telefon.
„Der Zug ab Karlsruhe hatte mal wieder Verspätung ...“
„Komisch, das verstehe ich nicht – früher hieß es: 'Die Bahn fährt immer!' Ich verstehe nicht, dass die das heute angeblich nicht mehr hinkriegen ...“
„Übrigens“, setzte Walter an, „in meinem Briefkasten war die Visitenkarte eines Kommissars vom LKA.“
„Von was?“
„Landeskriminalamt.“
„Ach, so, Landeskriminalamt – manchmal verstehe ich dich so schlecht, du musst den Hörer nahe an den Mund halten, wenn du telefonierst. Ja, und?“
„Da stand keine Nachricht dabei. Ich verstehe das so, dass ich den anrufen soll. Vermutlich geht es um Jörg.“
„***Darauf*** habe ich die ganze Zeit gewartet ... Halte dich ja zurück, erzähle ein paar allgemeine Dinge – dass Jörg ein freundlicher, tierlieber junger Mann war, tierlieb, das auf jeden Fall … Aber sonst halte dich da raus, auf die Gefahr hin, dass ich mich wiederhole ...“

4

„Eichhorn."

„Guten Tag, Herr Eichhorn, mein Name ist Walter Gygax ..."

„Ah, Herr Gygax, schön, dass Sie sich auf meine Visitenkarte hin melden, und so war es ja auch gedacht. Es geht um Ermittlungen gegen Herrn Kramer, Jörg Kramer."

„Klar, den kenne ich von früher, aber wir haben uns schon lange nicht mehr gesehen. Wie kommen Sie überhaupt auf mich?"

„Wir haben hier ein Formular, Sie haben am 7. September vor – zwölf Jahre ist das jetzt her … Da haben Sie eine Schachpartie gegen Herrn Kramer gespielt und dazu müsste ich Sie vernehmen."

„Über die Schachpartie?"

„Über das Drumherum, dazu haben sich ein paar Fragen ergeben, und da Sie in NRW wohnen, haben uns die Kollegen aus Baden-Württemberg gebeten, das zu übernehmen."

„Klar, kein Problem! Aber was ist denn überhaupt passiert? Mein Vater hat mir gestern etwas von Mord angedeutet ..."

„Bitte?"

„Mord, ich bin gerade in der Schule und telefoniere von einem leeren Klassenraum aus, wir haben gerade große Pause, aber ich kann nicht gut und auch nicht so laut sprechen. Ich weiß überhaupt nichts, ich bin total neben der Spur, ich glaube, ich habe heute den schlechtesten Unterricht meines Lebens gehalten … Ich war früher gut mit Jörg befreundet, nie im Leben hätte ich gedacht ..."

„Näheres kann ich Ihnen dazu leider im Augenblick nicht sagen, schon gar nicht am Telefon. Nur, wissen Sie, Sie können in niemanden hineinsehen, da können Sie noch so lange und so gut mit ihm befreundet sein – Sie kennen ihn nie wirklich … Herr Gygax, wäre es Ihnen recht, wenn ich bei Ihnen vorbeikäme? Dann bräuchten wir Sie nicht nach Düsseldorf vorzuladen ..."
Sie verabredeten sich für 16 Uhr des folgenden Nachmittags.

5

Der alte Gygax brauchte wahrlich nicht zu wissen, was sein Sohn vorhatte. Walter dachte keinen Augenblick daran, sich aus der Sache mit Jörg herauszuhalten, er wollte erfahren, was eigentlich passiert war. Zumal, nachdem der Polizist derart gemauert hatte. Und was der von sich gegeben hatte! Dass man einen vermeintlich guten Freund auch nach Jahren nicht wirklich kenne! So ein Unsinn!

Nun, gut, aber es ging ja auch nicht um diesen Hauptkommissar Eichhorn vom LKA Düsseldorf, der spielte allenfalls eine Nebenrolle. Sondern es ging um Jörg. Wer konnte Walter da am ehesten weiterhelfen? Doch wohl Jörgs einstiger – wie hatte sich Walters Vater ausnahmsweise zutreffend ausgedrückt? – Busenfreund. Johannes Ehrmann, der charmante Zyniker.

Wie mit dem in Kontakt kommen? Soweit sich Walter erinnerte, besaßen Johannes' Eltern früher ein Haus. Da musste er sie doch erreichen können, sofern sie noch lebten! Und so alt konnten sie noch nicht sein. Die Telefonnummer war leicht herauszubekommen und so rief er an.

Niemand zu Hause.

Na, toll, dachte Walter, plötzlich zornig, ist die Mutter denn immer noch im Kirchenchor? Und der Vater Gott weiß in welcher katholischen Organisation? Alles noch wie früher? Heile Welt, Friede, Freude, Eierkuchen, in nomine patris et filii et spiritus sancti, nur ja die Form wahren …

Zorn kam in ihm hoch. In solchen Augenblicken verstand er

seinen Vater ein Stück weit.
Unmöglich, sich auf Unterrichtsvorbereitung oder Korrekturen zu konzentrieren … Mechanisch legte Walter eine Haydn-CD auf, „Die sieben letzten Worte unseres Erlösers am Kreuz“, hörte nicht richtig hin, versuchte es mit ebenso wenig Erfolg mit „Der Tod und das Mädchen“ von Schubert, schaltete den CD-Player nach ein paar Minuten wieder aus, machte sich einen Tee (Roibusch, sein Vater nannte das Gebräu immer „Rattengiggel“), trank einen Schluck, vergaß den Tee dann, ließ ihn kalt werden, lief in seinem Arbeitzimmer hin und her wie ein eingesperrtes Tier …
Wann machte es Sinn, wieder die Eltern Ehrmann anzurufen? Ein weiterer Versuch kostete ja nichts ...
Tatsächlich erreichte er jetzt Johannes' Mutter.
Jaha, es gehe ihr gut. Sehr gut sogar. Jaha, sie sei noch im Kirchenchor. Dort werde sie auch zum Lob Gottes mitsingen, solange der Herr es wolle und zulasse. Und jaha, leider, leider sei ihr lieber Mann vor drei Jahren gestorben. Traurig. Oder vielmehr auch wieder nicht traurig. Schließlich sei er ja heimgegangen zu Gott. Er sei sehr, sehr krank gewesen, habe aber alles geduldig und in Demut ertragen. Als eine Prüfung Gottes, des allmächtigen Vaters, Schöpfers des Himmels und der Erden. Und jaha, Johannes sei so ein guter Religionslehrer geworden, einer der beliebtesten Lehrer seiner Schule, in seinem Unterricht säßen sogar ein paar Protestanten und selbst Muslime (sie sagte „Mohammedaner“)! Und überhaupt sei alles so gut, es sei ein wahrer Gottessegen, dass es ihr in ihrem Alter

noch so gut gehe, selbst jetzt noch, mit 63, dass sie ein so erfülltes, gottgesegnetes Leben habe – und der neue Priester sei auch sooo freundlich und gebe sich sooo viel Mühe und die von ihm zelebrierten Heiligen Messen und Hochämter seien ...
Ja, ja, dachte Walter mit mühsam unterdrücktem Zorn, der alte Priester hat sich ja auch sooo viel Mühe gegeben. Und er war sooo freundlich. Vor allem zu einer gewissen Dame in Stuttgart, die er zuweilen gar nicht so heimlich, still und leise besuchte. Und der er sogar, wenn die Gerüchte zutrafen, Alimente zahlte. Aber niemand wollte es wahrhaben. Zu Hause predigte Hochwürden dann wieder Demut und Enthaltsamkeit. Und Gehorsam gegenüber der heiligen Mutter Kirche. Übrigens: Dass Johannes das Priesterstudium aufgegeben hatte, musste doch für alle eine Riesenenttäuschung gewesen sein! Nicht auch für seine Mutter? War er nicht einmal der Vorzeigeschüler seines katholischen Gymnasiums gewesen? Der besondere Liebling seines Schulleiters – des Mannes, der Lehrer danach einstellte, ob sie regelmäßig in die Kirche rannten?
Walter hütete sich, Jörg zu erwähnen. Er bat Frau Ehrmann um die Telefonnummer ihres Sohnes, die sie ihm sehr gerne gab. Sie freute sich sehr, dass Walter wieder mit Johannes in Kontakt treten wolle, früher hätten sie doch oft die halbe Nacht lang Schach gespielt ...
Karlsruher Vorwahl.

6

„Mit dir hätte ich jetzt überhaupt nicht gerechnet!"
„Hallo, Johannes, du kannst dir schon denken, warum ich anrufe … Aber sag doch mal, wie geht's dir? Wir haben ja ewig nicht mehr geredet. Deine Mutter sagte, dass du Religion unterrichtest, wir sind ja dann Kollegen. Und hattest du nicht zum Schluss eine Freundin? Wie geht's der denn?"
„Der geht's vermutlich gut, aber wir sind nicht mehr zusammen."
„Nicht?" Nun, gut, dachte Walter, wie lange hatten wir schon keinen Kontakt mehr!
„Ich bin solo", sagte Johannes. „Ist auch am besten so. Auch wenn ich da meine Wäsche selber waschen und bügeln muss."
„Und du hast ja damals dein Priesterstudium aufgegeben ..."
„Ja, habe ich, aber das führt jetzt zu weit, ich will da keine großen Auslegungen machen ..."
„Aber warum ich vor allem anrufe: Jörg ..."
„Ja", jetzt schien sich Johannes etwas zu ereifern, „der hat sich da ja nun wirklich in unnachahmlicher Weise in den Schlamassel reingeritten. Ganz toll. Und jetzt hängt er eben drin."
„Ich weiß ja so gut wie nichts ..."
„Und da rufst du jetzt mich an, um deine Neugier zu befriedigen? Das hätte ich dir aber nicht zugetraut! Na, viel kann ich dir da auch nicht erzählen, das soll Jörg mal lieber selber tun. Der sollte sowieso schnellstmöglich zu dem stehen, was er getan hat. Tut er nämlich nicht. Bei meinem letzten

Besuch in der JVA – Justizvollzugsanstalt, falls dir die Abkürzung nicht geläufig ist, war sie mir vorher jedenfalls nicht –, da war das ganz deutlich. Ich habe es ihm auch klipp und klar gesagt. Der soll mal an sich arbeiten, statt sich immer selbst zu bemitleiden!"
„Du hast ihn besucht?"
„Ja, schon zwei Mal bisher, er darf viermal im Monat für jeweils eine Viertelstunde Besuch empfangen. Da ist dann natürlich immer jemand von der JVA dabei, ist ja klar."
Walter kam eine plötzliche Idee.
„Da kann ich Jörg also auch mal besuchen?"
„Klar, darüber würde er sich sicher freuen, obwohl ich mich frage, womit er das überhaupt verdient hat. Mitbringen darf man ihm allerdings nichts, höchstens eine Schachtel Zigaretten, die ein Justizvollzugsbeamter – so nennen die sich dort, grässliche Berufsbezeichnung – aus einem Automaten zieht."
„Ja, raucht Jörg denn neuerdings?"
„Neuerdings ist gut! Aber ja, der raucht wie ein Fabrikschlot. Marlboro. 'Geschmack von Freiheit und Abenteuer', hieß es früher, als die Zigarettenwerbung noch nicht abgewürgt war vom ach so fürsorglichen Staat. Na, und Jörg lässt sich überhaupt total gehen, brütet und träumt vor sich hin ... Ja, klar, wir können uns dann in Karlsruhe treffen und teilen uns die Besuchszeit – du eine Viertelstunde, ich eine Viertelstunde. Die andere halbe Stunde überlassen wir Jörgs Eltern, wenn die zwei Wochen später wieder zu ihm fahren. Du stellst dir nicht vor, wie die unter der Situation leiden. Trauen sich kaum noch aus

dem Haus und gehen sogar fast nicht mehr in die Kirche, das ist für die das Schlimmste. Die können einem richtig leid tun. Sie warten noch den Prozess ab, dann ziehen sie weg, vielleicht in den Odenwald, wo sie niemand kennt. Das Beste, das sie machen können."

„Ich habe morgen ein Gespräch mit einem Hauptkommissar vom LKA Düsseldorf", sagte Walter, inzwischen etwas ungeduldig, „die Polizei ist wohl an ein Partieformular einer uralten Schachpartie zwischen Jörg und mir gekommen ..."

„Habe ich gehört, ich habe das Formular gesehen", sagte Johannes. „Die Partie hat Jörg damals ja auch unnachahmlich vergeigt. Der hat einen Mist zusammengespielt damals! Da hast du gewaltiges Glück gehabt."

Das wusste Johannes noch? Walter überlegte: Nach seiner Erinnerung konnte es sich nur um ihre Partie der Vereinsmeisterschaft 1977 handeln. War die nicht zwar kurz, aber äußerst scharf umkämpft?

„Jetzt wollte ich natürlich, bevor ich mit diesem Kommissar rede, mal wissen, wie ich mich verhalten soll – und was überhaupt passiert ist ..."

„Da rufst du am besten Jörgs Anwalt an. Ich halte ja nicht so viel von dem, der ist noch ziemlich jung und unerfahren, aber gut, Jörg, dieser Vollidiot, soll froh sein, dass ihn überhaupt einer verteidigt. Ein Rechtsanwalt Grundmann, Manuel Grundmann. Augartenstraße 37. In Karlsruhe, logisch. Du findest ihn schon, habe die Nummer gerade nicht greifbar. Aber dafür soll es ja die Fernsprechauskunft geben, habe ich mir sagen lassen."

7

Am Abend saß Walter völlig erschöpft und mit den Nerven am Ende in seiner Wohnung.
Eine halbe Stunde hatte er mit Jörgs Anwalt telefoniert. Der war zuerst sehr zurückhaltend, bis ihm Walter sagte, wer er war und dass er Grundmanns Namen von Johannes Ehrmann erfahren hatte. Wie er sich denn der Polizei gegenüber jetzt verhalten solle?
„Ich kann Ihnen da nur zur Wahrheit raten“, antwortete der Anwalt. „Dann können Sie nichts falsch machen.“
Danach erzählte er Jörg, was passiert war. Das wurde eine längere Geschichte.
Jörg war wegen mehrfachen Sexualmordes angeklagt.
Walter glaubte nicht recht zu hören. Jörg – Sexualmord? Doch, das sei richtig, bestätigte der Anwalt. Und was geschehen sei, sei wirklich nicht so einfach zu erklären.
Von Zeit zu Zeit musste der sonst so ruhige, nette, etwas „weiche" oder „schlaffe" Junge in eine wahre Raserei verfallen sein, die niemand erklären konnte. Das erste Mal, als er fünfzehn war. Mit einem Messer bedrohte er zwei etwas jüngere Schüler seines Gymnasiums, zwang sie, die Hosen herunterzulassen, und verletzte den einen geringfügig. Das Jugendgericht verpflichtete ihn unter anderem zu einer Therapie, aber die sei – so stellte das jedenfalls der Anwalt dar – ausgesprochen unmotiviert angegangen und restlos verschlampt worden; man habe Jörg ein paar Fragebogen ausfüllen lassen und das sei

es offenbar fast schon gewesen. Möglicherweise hätte man ihm damals helfen können, meinte Grundmann, aber diese Chance sei vertan worden.
'Mein Gott – da kannte ich ihn ja nicht einmal, da war er noch gar nicht im Schachclub!', dachte Walter. Und er fragte: „Kann man das heute vor Gericht nicht geltend machen?
„Wohl kaum. Ist ja schon fast 21 Jahre her. Übrigens: Können Sie etwas dazu sagen, wie es eigentlich in Jörg Kramers Jugend mit Mädchen aussah? Mit Freundinnen?“
Walter antwortete, dass er davon rein gar nichts wisse, sie seien ja nicht in derselben Schule gewesen und beim Schach rede man normalerweise nicht viel. Kurze Zeit habe Jörg eine Art Freundin gehabt, mit der er zum Abschlussball der Tanzschule gegangen sei, aber das sei wohl eine Sache weniger Wochen gewesen und die zwei hätten nicht einmal Händchen gehalten.
„Das stimmt mit dem überein, was ich weiß“, sagte der Anwalt. „Sex oder Pornografie lehnt er strikt ab.“
„Er ist ja auch überzeugter Katholik.“
„***War.*** Seine Familie ist nach wie vor sehr streng katholisch, Jörg jedoch schon seit langem nicht mehr.“
Aber Jörgs Kontakte zu Frauen beschränkten sich, so erfuhr Walter weiter, die ganzen Jahre über auf wenige platonische Beziehungen. Einige Male habe Jörg ein Mädchen regelrecht angebetet und vergöttert, mehr aber nicht.
Mit 19 oder 20 begann er, in einsamen Gegenden Frauen aufzulauern, um sie zu vergewaltigen. Dabei ging er von Mal zu Mal brutaler vor. Und eigenartig, dieses Detail fiel Walter erst nach

dem Gespräch so richtig auf: Bei sämtlichen Vergewaltigungen erwies er sich als impotent.
Irgendwann begann er, zu diesen Überfällen einen schweren Hammer mitzunehmen, und eines Tages schlug er einer Frau, die sich wehrte, den Schädel ein. Von da an hatte er den Hammer immer griffbereit, wenn er einem neuen Opfer auflauerte. Die Polizei fand das Mordwerkzeug bei Jörgs Verhaftung im Kofferraum seines Autos.
All das zog sich über viele Jahre hin. Keiner ahnte etwas, keiner merkte ihm etwas an.
„Wie kann so etwas kommen?", fragte Walter.
„Das fragen sich alle", sagte der Anwalt. „Persönlichkeitsspaltung? So richtig komme ich da auch nicht weiter. Aber natürlich hat die Staatsanwaltschaft ein psychologisches Gutachten in Auftrag gegeben. Andernfalls hätte ich es beantragt."
Und das Seltsamste war: Jörgs Persönlichkeitsspaltung war so vollkommen, dass er selbst kaum in der Lage war, sich an seine Verbrechen zu erinnern. Bei den Verhören beteuerte er immer wieder, nicht genau zu wissen, wie viele Frauen er umgebracht habe – mit Sicherheit eine, diese Tat habe er nach seiner Festnahme gleich gestanden, mit größter Wahrscheinlichkeit eine zweite, vielleicht auch noch mehr, möglicherweise bis zu sieben. Er zermartere sich ja selbst den Kopf, Tag und Nacht, aber er wisse es einfach nicht mehr genau. Nur an den Mord am 14. April 1979 erinnere er sich ganz genau.
„14. April 1979?", fragte Walter erstaunt.
„Ja, genau. Können Sie dazu etwas sagen?"

„Mir fällt nur gerade etwas ein, keine Ahnung, ob es wichtig ist. In der Woche vor Pfingsten 1979, das genaue Datum müsste man nachsehen, waren wir zu dritt, also Jörg, Johannes und ich, bei einem Schachturnier in Biberach. Wir waren sonst ja immer alle drei ungefähr gleichstark, aber bei diesem Turnier hatte ich meinen größten Erfolg im Schach überhaupt, Johannes schnitt so lala ab und Jörg brach völlig ein, der verlor eine Partie nach der anderen, stand völlig neben sich, konnte sich offenbar kaum konzentrieren ...“
„Von diesem Turnier wusste ich nichts. Aber klar, jetzt haben Sie ja eine mögliche Erklärung.“
„Und dass er sich an die anderen Morde nicht erinnern kann – glaubt man ihm das?“, fragte Walter.
„Man hält es für denkbar. Denn, und das ist das Zynische an der ganzen Sache, Jörg Kramer hätte doch gar keinen Grund, in diesem Punkt zu lügen, denn rein juristisch gesehen kommt es doch bei ihm auf ein paar Morde mehr oder weniger kaum noch an. Verstehen Sie mich bitte nicht falsch: rein juristisch gesehen. Wenn ich keine Schuldunfähigkeit durchsetzen kann, und dafür stehen die Chancen leider gar nicht gut, werde ich ihm vermutlich nicht viel helfen können. Übrigens, das interessiert mich jetzt einfach mal: Sie kennen Jörg Kramer doch von früher her ...“
„Ja?“
„Fühlte er sich denn vom eigenen Geschlecht angezogen?“
„Schwul? Der? So katholisch, wie er war ... Aber, hm, wenn ich es mir genau überlege – seine enge Freundschaft zu Johannes

Ehrmann, eigentlich verhielten sich die zwei ja manchmal fast wie ein Paar! Waren völlig aufeinander fixiert. Und sein erster Überfall, als er 15 war ...“

„Klar! Auf zwei ***Junge***n! Nicht auf Mädchen! Das kann mehr gewesen sein als nur pubertäre Neugier. Und dann kommt noch seine Impotenz bei späteren Überfällen hinzu – und noch einiges andere ...“

8

Den ganzen Abend über brütete Walter vor sich hin. Lange dachte er nicht einmal daran, das Licht anzuschalten.
Was hatte er da eben alles erfahren müssen! Er fühlte sich wie ein Häufchen Elend, am liebsten hätte er sich irgendwo verkrochen. Sicher dauerte es nicht mehr lange, bis sich sein Magen meldete.
Jörg, der liebenswerte, ruhige Jörg – ein mehrfacher Mörder? Ein Sexmonster? Das gab es nicht, das konnte nicht sein!
Aber dieser Rechtsanwalt Grundmann hatte doch gesagt, Jörg habe einen Mord gestanden!
Stimmte etwas nicht mit diesem Geständnis? Unmöglich. In diesem Fall hätte der Anwalt sicher etwas angedeutet.
Ja – aber wieso? Wieso, um alles in der Welt? Was war da gewesen? Was war die ganze Zeit los?
Und das andere: Jörg schwul? Womöglich auch Johannes? Na, wie der sich heute benommen hatte – nicht wie Jörgs bester Freund, sondern wie das arroganteste Arschloch der Welt …
Jörg schwul – ? Nicht dass Walter das schlimm fand. Auch wenn viele immer noch Terror machten, Schwule als Pädophile ansahen – Blödsinn, das konnte man nun wahrlich besser wissen. Darüber sollte man im Jahr 1989 wirklich hinaus sein.
Aber ja, das konnte Sinn machen, dass Jörg schwul war. Das erklärte einiges.
Also schwul – in diesem erzkatholischen Kleinstadtmilieu, in dem man geistig vielleicht gerade mal im 19. Jahrhundert

angekommen war?
Walter schenkte sich Rotwein nach. Den konnte er heute vertragen. Beinahe hätte er das Glas umgeworfen. Das hätte noch gefehlt – überall Rotweinflecken, die nie mehr rausgingen!
Jörgs Eltern – ja, liebenswert, die Liebenwürdigkeit in Person. Das stand außer Zweifel. Wenn er, Walter, Jörg besuchte, zum Schachspielen, dann hatte dessen Mutter immer Kuchen besorgt. Aber einfache Leute waren die Eltern Kramer, sehr, sehr einfache Leute! Bedingungslos kirchentreu! Das Wort eines katholischen Priesters war ihnen heilig! Und nun gar das Wort des Papstes!
Walter spann den Gedanken weiter: In diesem Milieu entdeckte nun also ein Junge mit 14, 15 oder 16, dass er Mädchen, die er doch anziehend finden sollte (***zu*** anziehend zwar nun auch wieder nicht, sonst hätte er ja sündige Gelüste verpüren können – Gott behüte!) –, dass er Mädchen also im Grunde uninteressant fand. Dass er sich körperlich vielleicht sogar vor ihnen ekelte. Dass sie zwar irgendwie fremdartige, geheimnisvolle, faszinierende, vielleicht feenhafte, manchmal verehrungswürdige Wesen waren – aber dann, wenn sie hübsch gekleidet und unerreichbar waren, und nicht, wenn sie sich auszogen und mit jemandem ins Bett kletterten, wenn man ihren Körper roch und berührte und mit ihnen Sex hatte! Sex mit Frauen! War denn nicht die größte, die ehrwürdigste Frau, die je gelebt hatte, Zeit ihres Lebens eine Jungfrau gewesen? Die unendlich gütige Muttergottes, der nichts Menschliches, kein Leid eines menschlichen Wesens fremd war? Und die ihm doch kein

Zeichen sandte, nicht die kleinste Botschaft, er mochte so inbrünstig, so verzweifelt zu ihr beten, wie er wollte. Sie schwieg. Schwieg!
Aber hatte er es denn nicht ganz genauso verdient?
Schwul – wenn das aufgeflogen wäre! Nicht auszudenken! Eine Katastrophe, eine totale Katastrophe! Nein, das wäre überhaupt nicht gegangen! Der Priester hätte aus der Bibel zitiert, in der fand sich ja mehr als genug zu diesem Thema, und die Leute hätten mit Fingern auf Jörgs Eltern gezeigt! Gerade noch, dass sie vor denen nicht ausgespuckt hätten. Die frommen Katholiken, die Männer und Frauen Gottes, die Brüder und Schwestern in Christo! Dabei wusste man damals nicht einmal etwas über AIDS! Sonst wäre das Getuschel und Gekreische unter den Rechtschaffenen und Rechtgläubigen vollends losgegangen. „Jede Krankheit ist eine Strafe Gottes“, hätten vor allem diejenigen erklärt, die selber Tag und Nacht die stärksten Schmerzmittel gegen ihre Bandscheibenbeschwerden schlucken mussten, „jede Krankheit ist eine Strafe Gottes, aber das da, das, ja, das – das ist die Strafe für Sodom und Gomorrha! Für Sodom und Gomorrha!“ – 'Du liebe Güte', dachte Walter, 'man kann gar nicht so viel fressen, wie man kotzen möchte …'
Eines Tages musste Jörg auffliegen, es war nur eine Frage der Zeit. Er ***musste*** auffliegen! Ganz zwangsläufig! Vielleicht, weil es seinen Klassenkameraden auffiel, dass er sich an ihren Zoten, an ihren spätpubertären Angebereien über tatsächliche oder erfundene Erlebnisse mit Mädchen nicht beteiligte, dass er einem Jungen hinterherschaute, mit allerlei geheimen, sorgfältig

geheim gehaltenen Gedanken, für die er sich gleichzeitig abgrundtief hasste! Wenn es eines Tages soweit war, dann flog auch zugleich auf, dass seine tiefe Religiosität, mit der er seinen Widerwillen gegen alles Sexuelle begründete, nur Fassade war (als wäre sie das je gewesen!) und in Wirklichkeit etwas ganz anderes verbergen sollte, etwas ganz Widerwärtiges, Ekelhaftes, Widernatürliches, etwas, für das er sich verabscheute, für das er sich im Alltag tausend kleine Strafen auferlegte, den Verzicht auf irgendetwas, das ihn erfreut hätte! Auf ein Eis, auf eine schöne Schallplatte, auf – ja, auf die Verwertung einer mühsam erkämpften Gewinnstellung in einer Schachpartie! Die musste er verlieren, zur Strafe, und dafür den Spott oder den Ärger seiner Vereinskameraden über sich ergehen lassen!

Blödsinn …

Welcher Schachspieler, welcher Sportler verlor denn freiwillig? Das war doch nun wirklich das Allerletzte …

Trotzdem – wusste man's bei Jörg?

Wie viele Nächte mochte er wach gelegen haben, mit Gewissensbissen und vielleicht zugleich sexuellen Wünschen? Tausend verzweifelte Gebete zu seinem Gott, der dann doch keinerlei Anstalten machte, ihm zu helfen! Total einsam mit seinem Kummer, den er tagaus, tagein mit sich herumschleppte wie ein Kainsmal! Denn ***das*** konnte er sich nicht einmal in der Beichte von der Seele reden! In der Beichte! Wo er sonst vielleicht dem Priester gestand, dem Erdkundelehrer eine freche Antwort gegeben zu haben, und dafür fünf Ave Maria beten musste! Aber das, ***das***?? Um aller Heiligen Willen! Alleine wenn

schon aufgefallen wäre, dass er an manchen Tagen nur Augen für Johannes hatte, während der ziellos in die Runde blickte und ironisch grinste!
Trug er sich eigentlich mit dem Gedanken, sich das Leben zu nehmen? Schlich er schon einmal an die Schienen der S-Bahn, suchte vielleicht nach einer passenden Stelle, hinter einer engen, nicht einsehbaren Kurve, wo der Fahrer des Zuges nicht die allerkleinste Chance gehabt hätte, rechtzeitig abzubremsen? Begutachtete er heimlich ein Hochhaus – danach, ob es hoch genug war, um vom Dach zu springen und sich dann nur ja sicher zu Tode zu stürzen? War er danach noch verzweifelter, zerfleischte er sich innerlich mit Sätzen wie „Du elende, perverse Schwuchtel, du bist sogar zu feige, dich umzubringen – so feige kann nur eine schwule Tunte sein"? Andererseits: Suizid war doch für einen Katholiken eine schwere Sünde – das Leben wegzuwerfen, das einem Gott geschenkt hatte! Gott in seiner großen Güte, von der er, Jörg, nichts merkte, nichts, nichts! Saß er zuweilen völlig verzweifelt in der Kirchenbank, jämmerlich alleine gelassen von Gott und der Welt, während sein Sitznachbar eine fromme Schnute zog und womöglich gerade die nächste Mieterhöhung für seinen Untermieter austüftelte? Welch ein Leben! Wer darüber nicht zerbrach …
Der arme, arme Jörg ...
'Und ich', dachte Walter, 'habe nichts gemerkt! ***Ich habe die ganze Zeit nichts gemerkt!!*** Mein Gott ...'
Ja, es war wirklich so: Wenn Jörg aufgeflogen wäre – seine ganze Familie wäre erledigt gewesen!

Erledigt, wie sie es jetzt auch war ...
Nur noch dieses letzte Glas ...
Mit einem Mal dachte er: 'Vorsicht, du verrennst dich gerade in etwas! Was, wenn Jörg überhaupt nicht –? Du hast doch nur ein paar Indizien, nicht mehr!'
Aber es passte doch! Alles passte! Eines passte zum anderen!
Das Läuten des Telefons ließ ihn schon zum dritten Mal hochfahren. Mit Sicherheit waren das seine Eltern, die natürlich wissen wollten, was es Neues gebe, wann Walters Vernehmung sei. Und die ihm einschärfen wollten, nur ja keinen Fehler zu machen, sich herauszuhalten, so gut es irgendwie ging, nur zu sagen, dass Jörg tierlieb gewesen sei, tierlieb, ja, das auf alle Fälle ... Aber sonst solle Walter einmal, ein einziges Mal das Richtige tun, er solle doch nur bedenken, was es für Folgen hätte, wenn herauskäme, dass er mit einem Mörder zu tun habe! Mit einem Mörder, das müsse man sich vorstellen! Noch dazu –!
'Klar, die übliche Litanei', dachte Walter. 'Heute könnt ihr mir den Buckel runterrutschen. Morgen wird mir schon irgendeine Ausrede einfallen, warum ich nicht zu erreichen war, der alte Despot wird gleich wissen, dass es eine Ausrede ist, und wütend werden – soll er eben! Dieses Mal ist es mir nun wirklich so was von scheißegal! Scheißegal!!'
Wenn ihm nur seine Mutter nicht so leid täte – der Alte würde rumbrüllen, und zwar mit ihr, weil sonst niemand da war, und sie würde sich wieder die Augen ausweinen …
Und sein Magen … Herrgott, sein Magen!

Johannes – der scheinbar ach so charmante, einfühlsame Johannes ...
Wie Jörg zu Johannes gestanden war und vielleicht immer noch stand, war Walter nun ziemlich klar.
So weit, so gut.
Aber Johannes? Was ging die ganze Zeit in dem vor? Der musste doch Jörgs Blicke, Jörgs Verhalten bemerken! Der war ja nicht dumm! Wie er immer seine Umwelt mit seinen unruhigen Blicken beobachtete, jederzeit bereit, über etwas und jemanden abwertende, zynische Bemerkungen zu machen – er ***musste*** etwas gemerkt haben, er bekam doch sonst auch alles mit! Aber klar, Johannes stellte es schlau an, das hätte ausnahmsweise sogar Vater Gygax gefallen. Der ließ wohlweislich nicht in sich hineinschauen und verschanzte sich hinter Zynismus und Arroganz. Auch eine Möglichkeit ...
Es war unfassbar!
Und nun?
Jörg war doch jahrelang Walters Freund gewesen! Da konnte der sich doch nicht einfach aus allem heraushalten! So tun, als gehe ihn die ganze Geschichte nichts an!
Was er, wie er sich jetzt eingestand, auch keinen Augenblick beabsichtigt hatte. Da konnte sein Vater, der alte Klugscheißer und Honoratiorenverehrer und Dichterfürst aus der ehrbaren schwäbischen Kleinstadt mit 60 Prozent CDU-Wählern, noch so kluge Reden schwingen, immer laut, langsam und akzentuiert. Der war zum Glück einige Hundert Kilometer entfernt.
Kurz vor Mitternacht setzte er sich an den PC und schrieb einen

Brief an Jörg. Die Adresse der Justizvollzugsanstalt sollte er morgen bei Anwalt Grundmann schon erfahren.

9

„Vernehmung von Herrn Walter Gygax – habe ich das richtig ausgesprochen? – durch Hauptkommissar Frank Eichhorn am 29. September 1989. Gegenstand der Vernehmung ist das Ermittlungsverfahren gegen Herrn Jörg Kramer. Der Vorwurf lautet auf mehrfachen Mord. Herr Gygax ist mit dem Mitschnitt des Gesprächs einverstanden – das ist doch richtig? – und wurde über sein Zeugnisverweigerungsrecht belehrt."
Walter sah etwas überrascht Eichhorn an, einen mittelalten, ziemlich drahtigen, schnauzbärtigen Mann, der ihm gegenüber, nach vorne gebeugt, auf einem Sessel saß.
„Zeugnisverweigerungsrecht? Davon haben Sie ja gar nichts gesagt, nicht, dass ich davon Gebrauch machen will, aber jetzt bin ich neugierig ..."
„Herr Gygax, Sie haben keines", sagte Eichhorn. „Sie sind mit Herrn Kramer weder verwandt noch verschwägert und müssen daher aussagen. Und Sie sind zur Wahrheit verpflichtet."
„Kein Problem", sagte Walter, „ich habe ja schon am Telefon gesagt, dass ich natürlich mit Ihnen reden will, aber vermutlich gar nicht viel weiß. Fangen Sie ruhig an!"
Der Hauptkommissar begann mit ein paar allgemeinen Fragen zu Jörg, über ihre früheren Kontakte. „Ich weiß nicht, ob es für Sie wichtig ist, aber bei bestimmten Musikstücken konnte er völlig verträumt werden – ich denke da an 'Von fremden Ländern und Menschen' von Schumann."
Der Kommissar verzog keine Miene. Wortlos zog er eine Kopie

eines Partieformulars aus seinem Aktenkoffer.
„Ist das die Partie, von der Sie gesprochen haben? Darf ich mir das Formular einmal anschauen?“
Eichhorn reichte es herüber.
„Ja, Herr Gygax, die Partie war ja sehr kurz, gerade mal 25 Züge ...“
„Ich habe nach unserem Telefonat natürlich versucht, mich an sie zu erinnern. Stimmt, es waren nicht viele Züge. Aber eine klare oder einseitige Angelegenheit war sie nicht, das habe ich ganz anders in Erinnerung. Eigentlich – wenn ich das so sagen darf – war sie richtig dramatisch. Ganz untypisch für ihn.“
Eichhorn blickte ihn an, ohne eine Regung zu zeigen.
„An sich“, fuhr Walter fort, „konnte man gegen Jörg beim Schach relativ einfach ein Remis erreichen, wenn man halbwegs fehlerlos spielte, er war ziemlich friedliebend ...“
„Als Schachspieler, meinen Sie?“
„Ja, natürlich, beim Schach. Aber Jörg war ziemlich schwer zu besiegen, weil er sicher und solide spielte. Ziemlich unspektakulär, aber er machte kaum grobe Fehler. Nur: Ein Kämpfer war er nicht. Hier allerdings ...“
Eichhorn sprach jeden Satz Walters in sein Diktiergerät. Schien er leicht genervt?
„Also das wundert mich jetzt. Er hat fast jeden Zug von sich bekrittelt, sehen Sie? Fast jeden Zug. Aber ich habe das ganz anders in Erinnerung! Am Anfang sah es so aus, als könne ich schnell in Vorteil kommen, ich hatte die Partie damals fast schon abgehakt, wenn ich mich recht entsinne. Ja, und urplötzlich

entwickelte Jörg Riesenkräfte, die man ihm normalerweise überhaupt nicht zutraute. Griff plötzlich an wie ein Wilder, was sonst so gar nicht seine Art war. Machte Miene, mich in großem Stil über den Haufen zu rennen! Ich kam mir plötzlich vor wie im falschen Film."

„Alles in 25 Zügen?"

„Ja, das war wirklich – nun, ja, eben dramatisch, wie man so sagt. Aber dann kam eben wieder etwas Sonderbares. Mitten im schönsten Angriffswirbel, wo es wirklich auf Biegen und Brechen ging, bekam er plötzlich Selbstzweifel, wurde unsicher, unentschlossen, was in solchen Stellungen einfach tödlich ist, ich sah eine Chance, unternahm einen Gegenangriff und der war dann sofort entscheidend. Aber haben Sie denn die Partie nicht selbst nachgespielt?"

„Herr Gygax, das brächte mir nicht viel, dazu verstehe ich zu wenig vom Schach. Da frage ich lieber jemanden, der mehr davon versteht – Sie scheinen ja ein guter Spieler zu sein ..."

Walter musste grinsen. „Gut? Das ist Ansichtssache, wissen Sie ..."

„Also wenn ich Sie richtig verstehe: Das plötzliche Ende der Partie war für Herrn Kramer ein ziemlich abrupter Einbruch – kann man das so sagen, Herr Gygax? Dass er gewissermaßen aus allen Wolken fiel?"

„Das kann man so sagen, ja."

„Aber wenn man auf den Sieg hofft und dann ganz plötzlich verliert – wie kommt man damit klar? Ich könnte mir schon vorstellen, dass einem da mal der Gaul durchgehen könnte ..."

„Jörg nie, der war nach Niederlagen immer einige Zeit überkritisch. – Aber Moment mal, wollen Sie gerade sagen, dass … Wegen einer verlorenen Schachpartie bringt man doch niemanden um!“
„Das sagen Sie so … Herr Gygax, ganz direkt gefragt: Ist Ihnen nach der Partie bei Herrn Kramer irgendetwas aufgefallen? Wirkte Herr Kramer vielleicht doch erregt, vielleicht sogar aggressiv? Oder zumindest anders als sonst? Bitte denken Sie genau nach, auch wenn es schon so lange her ist, das ist wichtig!“
„Da brauche ich nicht groß nachzudenken. Ich habe Jörg beim Schach kein einziges Mal aggressiv erlebt, nach dieser Partie also auch nicht ...“
Walter stockte plötzlich. Sein Gedanke von gestern Abend! Sein total verrückter Gedanke! Wenn an dem doch etwas dran wäre? Wenn Jörg die Partie absichtlich weggeworfen hätte? Nein, das war wirklich absurd, so verhielt sich doch kein Turnierspieler! Andererseits – dieser seltsame Partieverlauf …
„Herr Gygax, Sie zögern ...“
„Ich überlege mir, ob mir zu Ihrer letzten Frage doch noch etwas einfällt. Nein, Jörg und aggressiv beim Schach – das kam so gut nie vor.“
„So gut wie nie? Manchmal also doch?“
Walter zögerte erneut.
„Nein, wenn ich es mir genau überlege – nein, aggressiv war er beim Schach nie.“
„Hier spielte er immerhin aggressiv.“

„Aber das tue ich doch auch, viel öfter als er! Und dabei verspüre ich keinerlei Aggressivität in mir, sondern habe einen Riesenspaß dabei … Das ist doch bei allen Sportarten so, oder?“
Eichhorn saß nahezu regungslos in seinem Sessel, nach vorne gebeugt, mit gebleckten Zähnen.
„Herr Gygax, wenn ich Sie gerade richtig verstehe, haben Sie Herrn Kramer beim Schach nie aggressiv erlebt. Ist das richtig?“
„Vollkommen richtig.“
„Sonst kam das aber schon mal vor?“
„Nein! Jörg und aggressiv! Das wirkte er auf mich nie. Um auf die Partie zurückzukommen: Er ging gleich, nachdem er sie aufgegeben hatte, ganz knallhart mit sich selbst ins Gericht, als habe er hundsmiserabel gespielt, eigentlich, wenn ich mich richtig erinnere, tatsächlich so, wie Sie es auf dem Formular sehen. Das war die pure Selbstzerfleischung, er ließ kein gutes Haar an sich. Maßlos übertrieben. Und Johannes Ehrmann stand dabei und zeigte ihm die schwachen Züge ...“
Ganz eifrig war Johannes beim Aufzeigen von Jörgs Fehlern gewesen, fiel es Walter jetzt ein. Hatte Johannes überhaupt selbst an diesem Turnier teilgenommen? Der studierte damals doch auswärts Theologie! Nur sporadisch ließ er sich bei den Vereinsabenden blicken, um den Partien zuzusehen und ironische und spöttische Kommentare zu geben. Ihm, Walter, war das damals ganz recht gewesen, gegen Johannes spielte er nicht gerne – dessen Spielweise war recht aggressiv und dabei irgendwie unsystematisch. Oder vielmehr nach einer Logik, die

sich Walter verschloss.
„Und Herr Kramer wirkte nach dieser Partie wirklich überhaupt nicht aggressiv? Erregt, aufgebracht, irgendwie – na, eben anders als sonst? Ihnen ist nichts aufgefallen? Bitte denken Sie genau nach, das ist wichtig!“
Täuschte sich Walter oder war Eichhorn unzufrieden? Und warum war ihm die Frage nach Jörgs Aggressivität am Ende der Partie so wichtig?
„Herr Eichhorn, ist in den Tagen nach der Partie irgendetwas passiert? Ich meine: Sie fragen mich so eingehend nach einer möglichen Aggressivität Jörgs, ich zerbreche mir ja selbst den Kopf ...“
„Darauf kann ich Ihnen leider keine Antwort geben, Herr Gygax.“
Der Kommissar saß da und verzog keine Miene. 'Wie ein Schachspieler', durchfuhr es Walter. Und er dachte: 'Wenn Jörgs Verhalten doch nur so einfach zu erklären wäre, wie der sich das vorstellt!'

10

Zweimal im Monat, immer dienstags, war in der Karlsruher Justizvollzugsanstalt Besuchszeit, und zwar über Mittag; das wusste Walter von Johannes. Er überlegte, ob die Uhrzeit eine gezielte Schikane war: Sollten diejenigen, die sich mit diesen Exkrementen der Gesellschaft im Knast abgaben, zur Strafe um ihr Mittagessen gebracht werden?
Eine gute Woche nachdem Walter seinen Brief an Jörg abgeschickt hatte, traf schon die Antwort ein. Jörg schien erstaunt, aber auch erfreut, dass sich Walter gemeldet hatte. Überhaupt habe er einige Post bekommen, die ihm Mut mache; so habe ihm sogar ein kompletter Oberstufenkurs geschrieben, den er zuletzt in Englisch unterrichtet habe.
Aber Jörg wusste nicht, dass Walter ihn zwei weitere Wochen später, in den Herbstferien, besuchen wollte. Überhaupt konnte er vorher meistens nicht wissen, ob jemand an den Besuchstagen zu ihm kam. Johannes hatte das ganz beiläufig in einem Nebensatz erwähnt und Walter realisierte erst später, was das für Jörg bedeutete.
Umso entsetzter war er dann. Zum Heulen, wenn man sich das vorstellte! Zum Heulen! Dieses Warten! Dieses entsetzliche Warten und Hoffen: Kommt heute jemand zu mir? Eine Viertelstunde steht mir diesen Monat ja noch zu! Wieder niemand? Doch, jetzt holen sie mich, wer mag denn … ? Meine Eltern? Sie werden sich wieder vorgenommen haben, tapfer zu sein, mein Vater wird versuchen, ganz normal irgendwelche

Belanglosigkeiten zu erzählen, und meine Mutter wird wieder ihre Tränen nicht zurückhalten können, wie jedes Mal. Und ich ... Dann: Eine Viertelstunde ist so kurz, so schrecklich kurz – was werden wir da reden, um jede Sekunde auszunutzen, wo die Zeit doch so schnell vorüberrast, dass es einen fast um den Verstand bringen könnte?
Auch Herr und Frau Gygax wussten nichts von Walters geplantem Besuch. Gott behüte! Walter ließ sich wie immer am Morgen zum Bahnhof bringen, log aber seinen Eltern vor, er wolle einen Zwischenstopp in Köln einlegen.
„Warum in Köln? Was willst du denn da?“, hatte Frau Gygax gefragt.
„Einkaufsbummel, es gibt dort zwei interessante Buchhandlungen und einen großen CD-Laden ...“ Was sogar zutraf.
„In Köln ...“, sagte Vater Gygax wegwerfend. „Als ob es das bei uns nicht genauso gäbe … Aber rufe trotzdem an, wenn du angekommen bist!“ Er vermied – das fiel Walter wieder einmal auf – die Formulierung „zu Hause“, denn zu Hause konnte ein Sohn doch nur bei seinen Eltern sein!
Durch den dicken Herbstnebel fuhr Walter nach Karlsruhe, wo er sich mit Johannes verabredet hatte.
„Da bist du ja auch schon!“, begrüßte ihn dieser. „Ich dachte schon, du kommst gar nicht mehr.“
Sah Johannes nicht, dass Walters Zug über eine halbe Stunde Verspätung hatte?
„Gehen wir mal los!“
Schweigend durchquerten sie die Unterführung.

„Da hinten sind Schließfächer. Große, mittlere, kleine, was das Herz begehrt“, sagte Johannes.
'Wie lange haben wir uns eigentlich nicht gesehen?' fuhr es Walter durch den Kopf. 'Acht Jahre? Oder schon neun?'
An einem Zeitschriftenladen wies Johannes auf die Schlagzeile einer Tageszeitung.
„Da, siehst du? Die CDU bringt es wieder einmal fertig, einen praktisch sicheren Wahlsieg zu vergeigen!“
Weil Politik und das Leben überhaupt eine Schachpartie war, bei der der Gegner, der Böse, mit den schwarzen Figuren spielte!
Walter hatte nie die CDU gewählt und enthielt sich eines Kommentars.
„Und da, die da“, sagte Johannes und zeigte auf zwei Jugendliche, die sich laut unterhielten und lachten und sie dabei beinahe umgerannt hätten, „guck sie dir an! Laufen total blind durch die Gegend und wollen dann ernstgenommen werden! Zum Lachen! Gehen wir, da drüben ist die Straßenbahnhaltestelle. Du brauchst einen Fahrschein für die Tarifzone 1.“
Ein Fahrkartenautomat war frei. Es dauerte eine kleine Weile, bis Walter die richtige Taste gefunden hatte. Johannes grinste.
„Dann wollen wir mal unserem dummen, kleinen Kramer-Mörderchen die völlig unverdiente Ehre geben!“, rief er endlich so laut, dass sich einige Passanten umdrehten. „Also auf in den Knast! Die haben sich bombastisch abgesichert, mit einer Mauer und dicken Türen und Wachposten und elektronischer Überwachung – aber ich garantiere dir, ***ich*** komm' rein!“

11

„Das Grüßen kannst du dir hier schenken“, raunte Johannes Walter zu, als sie an den Besuchereingang der Justizvollzugsanstalt Karlsruhe kamen.

Sie klingelten und wurden in einen Raum mit einem Tresen gelassen, hinter dem ein älterer Justizvollzugsbeamter stand und sie gelangweilt anblickte.

„Wir wollen Jörg Kramer besuchen“, sagte Johannes.

„Ihre Personalausweise“, leierte der Mann. „Alle Taschen hier lassen! Da hinten sind Schließfächer.“

Walter und Johannes gaben ihm ihre Ausweise und schlossen ihr Gepäck ein.

„Hier durch“, nuschelte der Beamte und deutete mit dem Kinn auf eine Tür. „Jeder einzeln durch die Schleuse. Dann den Flur durch, links die Treppe hoch, dann ist links gleich –“

„Ich weiß“, lachte Johannes vergnügt, „unser Freund Jörg Kramer ist ja Dauerkunde bei Ihnen – also ich kenne mich hier fast schon so gut aus wie Sie!“

Walter bekam kaum etwas mit. Zum ersten Mal in seinem Leben sah er ein Gefängnis von innen. Hinterher hätte er nicht einmal genau sagen können, ob sie elektronisch kontrolliert wurden; er nahm es an, wozu sonst die Schleuse! Wie in Trance trottete er hinter Johannes her.

„Ja“, grinste der, „manchen geht das hier schon an die Nieren …“

Er öffnete die Tür zum Wartezimmer und Jörg fuhr zurück.

So dichten Zigarettenrauch hatte er selten erlebt. Praktisch alle, die hier saßen oder standen, qualmten.
Und schwiegen. Schwiegen. Mindestens zwanzig Menschen waren in diesem kleinen Raum zusammengepfercht und man vernahm keinen Laut. Nicht einmal ein Husten oder Räuspern.
Die Fenster waren vergittert, das fiel Walter als allererstes auf. In der Mitte stand ein primitiver, wackeliger Tisch mit zwei überquellenden Aschenbechern und ein paar Zeitschriften. Die Stühle an den Wänden, vielleicht zwölf oder vierzehn, sahen äußerst unbequem aus; sie waren alle besetzt. So mussten Johannes und er stehen; auf den Boden setzen wollte sich Walter nicht, der war ihm viel zu schmutzig.
Die Tür öffnete sich und ein Uniformierter erschien.
„Besuch für Jürgen Fischer!"
Eine Frau erhob sich und folgte ihm schweigend und die Tür wurde wieder geschlossen.
„Das kann jetzt dauern, bis wir dran kommen", flüsterte Johannes. „Eineinhalb Stunden sind hier nichts. Aber was tut man nicht alles!"
Der Stuhl war gleich wieder besetzt. Er war – wie offenbar auch alle anderen im Warteraum – ungepolstert und mit braunen Stoff überzogen. Die Farbe erinnerte Walter an Schokoladenpudding. Er hasste Schokoladenpudding – in seiner Kindheit hatte seine Mutter oft eine große Schüssel voll zubereitet, weil sein Vater geradezu verrückt danach war, dieser hatte die braune Masse meistens gleich aus der Schüssel gelöffelt und diese zum Schluss sogar noch gierig ausgeleckt.

Die Fenster ließen sich nicht öffnen. Die Luft wurde immer stickiger.
Jetzt begannen zwei Frauen eine Unterhaltung. Auf Englisch. Offenbar redeten sie über irgendwelche Ermittlungen. „The police …“ Waren das wirklich Amerikanerinnen? Oder waren sie so dämlich anzunehmen, dass hier niemand Englisch verstand? Walter war es egal. Er wurde immer lethargischer.
„Besuch für Hans König!“
Endlich wurden zwei Stühle frei. Johannes und Walter setzten sich. Abscheuliche Dinger! Wer es da mit dem Rücken hatte!
Aber zumindest ein Sitzplatz! Allmählich versank Walter in einer Art Betäubung.
Die beiden Frauen schwiegen jetzt. Es herrschte wieder Totenstille.
„Übrigens“, flüsterte Johannes, „die haben wirklich interessante Zeitschriften hier. Solltest du dir mal anschauen!“
Wie war das jetzt wieder gemeint? Walter ergriff ein Heft und fing an zu blättern. Das Erste, das er fand, war ein Kommentar, der Schwangerschaftsabbrüche auf eine Stufe mit Auschwitz stellte. Das nahm ihm die Lust am Weiterlesen, er legte das zerfledderte Magazin zurück auf den Tisch. Wenn der nur nicht zusammenkrachte!
„Nicht dein Ding?“, grinste Johannes. „Habe ich mir wieder mal gedacht … Tja, die Geschmäcker sind eben verschieden. Der eine mag lieber Linsensuppe, der andere Erbsensuppe.“
Keiner nahm Notiz von ihnen. Alle saßen oder standen da und blickten unter sich.

„Besuch für Walter Meyer!“
Der Rücken tat Walter weh. Und die Zeit dehnte sich …
Eine ältere Frau, grauhaarig und grau gekleidet, schniefte in ihr Taschentuch.
Johannes grinste in sich hinein.

12

„Besuch für Jörg Kramer!"
Mit einer großzügigen Geste räumte Johannes Walter den Vortritt ein. So folgte dieser dem Beamten, drückte ihm eine Münze in die Hand und bat ihn, eine Packung Marlboro aus dem Zigarettenautomaten zu ziehen. „Geschmack von Freiheit und Abenteuer."
Dann wurde Walter ins Besuchszimmer geführt. Dort stand Jörg – mit Vollbart – neben einem anderen Mitarbeiter der JVA.
Mit Walter hatte Jörg nun überhaupt nicht gerechnet, er brachte kein Wort heraus, sondern fiel ihm nur um den Hals – ein Gefühlsausbruch, den Walter früher nie an ihm erlebt hatte, der ihm aber auch selbst unangenehm war. Bei seinen Eltern machte man das schon lange nicht mehr, er war ja kein kleines Kind mehr. Und zwei Männer ...
Walter drückte Jörg die Zigaretten in die Hand und sie setzten sich an einen primitiven Tisch. Der Aufpasser saß schweigend dabei und rauchte.
„Dass du gekommen bist!", sagte Jörg. Gehetzt, fahrig. Dabei öffnete er zittrig die Packung und steckte sich eine Zigarette an.
„Ich habe auf dem Weg von Stuttgart nach Rheydt einen kleinen Zwischenstopp eingelegt ..."
„Rheydt?"
„Ja, Rheydt bei Mönchengladbach, da unterrichte ich am Alexander-von-Humboldt-Gymnasium. Ach, so, ja, habe ich dir ja geschrieben."

„Ja, das hast du geschrieben."
„Stimmt, habe ich."
„Rheydt, wo Goebbels herkommt ..."
„Stimmt, der ist dort geboren. Und jetzt soll Rheydt zu Mönchengladbach eingemeindet werden."
„Wusste ich noch gar nicht."
„Die meisten Leute in Rheydt wehren sich dagegen mit Händen und Füßen."
„Kann ich mir denken."
„Ja."
Dieser Druck, jede Sekunde der kurzen Viertelstunde ausnutzen zu müssen, und sei es mit Worthülsen!
„Und Johannes? Habt ihr euch verabredet?", fragte Jörg
„Ja, der kommt gleich auch noch."
„Ah, der kommt auch?"
„Ja, wenn ich gehe, kommt er."
Der Raum war von ausgesuchter Ungemütlichkeit. Vielleicht 25 Quadratmeter groß, sicher dreieinhalb Meter hoch. Natürlich auch hier vergitterte Fenster, kahle Wände, deren Tünche einmal gelb gewesen war, neben dem Tisch noch vier Holzstühle, das Billigste des Billigsten. Ein überquellender Aschenbecher, in einer Ecke ein paar leere Colakisten.
„Und du?"
„Was – ich? Es geht halt so … Habe mir gerade ein Buch von Konrad Lorenz über seine Graugänse aus der Bücherei hier ausgeliehen. Das hätte ich früher auch nie gelesen ..."
„Und sonst?"

„Ein Buch über die Gründung von Karlsruhe habe ich auch gelesen ...“
„Psychologische Betreuung – bekommst du die?“
„Könnten Sie vielleicht den Aschenbecher ein bisschen zu mir rüberschieben?“, fragte der Beamte.
„Natürlich, gerne“, sagte Jörg mit einem Lächeln.
Walter war froh, dass das stinkende Ding nicht mehr direkt vor ihm stand.
Der Beamte blickte teilnahmslos.
„Wo waren wir stehen geblieben?“, fragte Walter gehetzt. „Also eine Therapie ...“
„Ja, eine Therapie – ich will das unbedingt. Weiß aber nicht, wann ich die bekomme. Hoffentlich bald. So bald wie möglich.“
„Ich drücke dir die Daumen, dass du die schnell bekommst.“
„Ja, das hoffe ich auch. Es sollte schon bald sein.“
„Kann ich mir denken. Wäre das Beste.“
„Klar.“
„Mach das unbedingt, wenn sich irgendwie die Möglichkeit ergibt ...“
„Auf jeden Fall.“
Walter sah nicht auf die Uhr. Aber er wusste: Fünfzehn Minuten sind verdammt kurz, man muss sie nützen!
„Deine Eltern waren auch vor kurzem da?“
Worüber unterhielten sie sich sonst noch? Die Zeit rauschte vorbei und der permanent qualmende Beamte mahnte, vermutlich auf die Sekunde pünktlich, sich zu verabschieden. Jörg umarmte Walter noch einmal, mit Tränen in den Augen.

Walter selbst war wie betäubt, kaum noch fähig zu einem klaren Gedanken.

Weinen konnte er schon seit Jahren nicht mehr.

Als er ins Wartezimmer zurückkehrte und sich vorsichtig auf einem der klapprigen Stühle niederließ, nahm er wie durch einen Schleier wahr, dass Johannes zu Jörg gebracht wurde. Bevor sich die Tür hinter ihm schloss, grinste Johannes ihm zu.

13

„Es ist immer dasselbe mit diesem Dummkopf. Der will einfach nicht einsehen, dass er riesengroße Schuld auf sich geladen hat! Um keinen Preis."

Während Johannes schimpfte, genoss es Walter einfach nur, wieder im Freien zu sein. Die Sonne schien sich doch noch gegen den Nebel durchzusetzen. Viel Kraft hatte sie allerdings nicht, Walter fröstelte.

„Komm mal mit", sagte Johannes, „du hast doch noch ein bisschen Zeit? Da hinten ist eine gute Buchhandlung, ich muss dir was zeigen!"

Er führte Walter zu einem Regal und zog ein kleines Taschenbuch hervor.

„Schau mal, hier! Wilhelm Busch, Max und Moritz polyglott! Max und Moritz in sechs Sprachen! Deutsch, englisch, französisch, spanisch, italienisch, lateinisch! Und witzig! Geniale Wortspiele! Du lachst dich kaputt! Hör dir das mal an:

> All in course of time is mended;
> But the pipe's career is ended.

Oder das da:

> Tutto, il tempo aggiustar può:
> Ma rifar la pipa, no!

Du versteht doch so viel Italienisch? Nein? Habe ich mir gedacht. Macht aber nichts. So geht das die ganze Zeit über! Ich sage dir, du lachst dich kaputt, wenn du das liest! Auf Deutsch lauten die zwei Verse ja bekanntermaßen so:

Mit der Zeit wird alles heil,
Nur die Pfeife hat ihr Teil.“

14

Notgedrungen blieb Walter mit Johannes in Kontakt, denn kurz nach seinem Besuch, Mitte November, fand Jörgs Prozess statt. Und von Johannes wollte Walter auf dem Laufenden gehalten werden. Der saß an jedem Verhandlungstag im Gerichtssaal und erzählte danach. Nur zu bereitwillig.

„Schwer zu sagen, ob Jörg da noch eine kleine Chance hat. Ich glaube eher nicht. Der Vorsitzende Richter ist ein Zyniker hoch drei. So etwas kann ich nun überhaupt nicht leiden. Aber gut, man kann sich seinen Richter nicht aussuchen, man hätte es halt erst gar nicht so weit kommen lassen sollen ..."

Die Presse berichtete ausführlich und mehr oder weniger seriös. Manche Magazine brachten große Fotos: Der „Hammermörder", der „Wolf im Schafspelz" wurde in Handschellen in den Gerichtssaal geführt. Eine Bildunterschrift lautete: „Was verbirgt er hinter seinem dichten Bart?"

Die größte Karlsruher Zeitung, so erzählte Johannes, habe sich nach dem ersten Prozesstag noch zurückgehalten und relativ neutral berichtet. Einen Tag später habe es dann schon geheißen, Jörg ***wolle*** sich an irgendein Detail nicht erinnern können.

Das Urteil fiel erwartungsgemäß aus: lebenslängliche Freiheitsstrafe, anschließend Sicherheitsverwahrung. Es wurde bald rechtskräftig; der Richter war offenbar nicht nur ein Zyniker, sondern – wie Johannes nicht ohne Bewunderung hervorhob – vor allem ein ausgefuchster Jurist, der seine Urteilsbegründung so formulierte, dass eine Revision praktisch ausgeschlossen war. Allerdings habe Jörgs Anwalt auch keinen besonders guten Job gemacht. Der sei halt noch sehr jung und habe zu wenig Erfahrung, da komme er gegen so einen gewitzten Gegner nicht an. Das sei ja ganz normal.

Nach dem Prozess wurde Jörg in die Justizvollzugsanstalt Offenburg verlegt.

Walter blieb mit ihm in Briefkontakt. Irgendwann, so nahm er sich vor, wollte er auch wieder einmal bei ihm vorbeischauen. Wohl eher im neuen Jahr. Wegen der weiten Anfahrt, wegen des großen Umwegs. Ja, im alten Jahr ging es nicht mehr. Ganz sicher nicht. Aber im neuen.

Jörg litt entsetzlich, das wurde aus jedem seiner Briefe deutlich. Zuweilen schien es Walter aus Jörgs Zeilen förmlich entgegenzuschreien. Und Jörg wurde immer verzweifelter, resignierte immer mehr. Hegte er Suizidgedanken? Aber, dachte Walter, da sei das Sicherheitssystem unserer Justizvollzugsanstalten vor! Die passen schon auf, dass er seine Strafe so richtig auskosten kann!

Walters Briefe an Jörg wurden seltener.

Er wusste nicht, wie er Jörg helfen konnte. Wie sollte er sich verhalten? Ihm unbefangen von sich erzählen? Von seiner Hochzeit im Frühsommer 1990 – ohne Eltern? Dass seine Mutter deswegen beinahe zusammengebrochen war und dass die Eltern am Wochenende der Hochzeit in die Eifel gefahren waren, aber allen Bekannten und Nachbarn erzählt hatten, sie führen zu Walters Hochzeit? Oder davon, dass er nach der Wende einen

Schüleraustausch zwischen seiner und einer tschechischen Schule organisierte? Von seiner ersten Fahrt nach Brünn und Prag, die alle, Lehrer wie Schüler, tief beeindruckt hatte? Von der Prager Altstadt, von ihrer Begegnung mit tschechischen Jugendlichen und Kollegen und mit Überlebenden des Konzentrationslagers Theresienstadt? Dass er sich Hoffnungen machte, demnächst den stellvertretenden Leiter seiner Schule zu beerben? Oder von seinem Lebenstraum, einmal auf dem Gipfel des Mont Blanc zu stehen?
Oder sollte er ihm weismachen, dass es „draußen" auch nicht besser sei? Aber das stimmte doch nicht!
Kurz vor Weihnachten 1990 fügte Jörg einem besonders verzweifelten Brief ein Gedicht bei, ein Gedicht an eine imaginäre Geliebte. Oder an einen Geliebten? Es begann mit den Worten „Bleib doch noch, mein Kleines" und war voller Zärtlichkeit und Verletzlichkeit.
Und es zerriss Walter förmlich das Herz.
Nur: Was sollte er darauf antworten? Was bloß, um Himmels Willen?
Er schob die Antwort vor sich her. Weihnachten kam, sein Vater hatte ihm gesagt, seine Mutter wünsche sich so sehr, dass die Familie – Vater, Mutter und Sohn – noch einmal gemeinsam Heiligabend feierte. Wer wisse, ob es das letzte Mal sei! (Die Eltern Gygax lebten danach aber noch beinahe zwei Jahrzehnte und es folgten noch viele „letzte" Weihnachtsfeste.) Walters Frau könne ja derweil ihre Eltern besuchen. In den Ferien gab es diesmal besonders viel zu korrigieren. Anfang Januar fuhren

Walter und seine Frau für ein paar Tage nach München.
Und so schob er die Antwort auf Jörgs letzten Brief immer weiter vor sich her, bis er zum Schluss kam, das Antworten habe wohl keinen Sinn mehr. Oder richtiger: Immer noch hätte er nicht gewusst, was er überhaupt schreiben sollte. Wie Jörg trösten, aufrichten? Einige Wochen lang plagten ihn Gewissensbisse, dann begann er Jörg zu vergessen. Vielmehr zu verdrängen, nicht andauernd an ihn zu denken.
Die Dinge normalisierten sich.
Wohl für beide.
Drei oder vier Jahre später traf er bei einem Besuch in seinem alten Schachclub Johannes.
„Sag mal", begann Walter nach einer kurzen Begrüßung, „wie geht es eigentlich Jörg? Ich habe mal vor ein paar Jahren einen Brief von ihm nicht beantwortet, weil ich nicht wusste, wie, und jetzt ..."
„Ach", winkte Johannes ab, „Jörg? Der dämmert vor sich hin. Und Briefschulden hat er – das glaubst du nicht! Der lässt alles schleifen, alles! Nein, ein schlechtes Gewissen brauchst du da nun wirklich nicht zu haben, weil du ihm nicht mehr geschrieben hast. Der kann froh sein, wenn ihm überhaupt noch jemand schreibt."
Wieder Jahre später fand Walter in einer Fernsehzeitschrift einen Leserbrief, der mit Jörgs Namen unterzeichnet war. Auch die Ortsangabe Offenburg stimmte. Der Schreiber des Briefes kommentierte mit großem Einfühlungsvermögen die Leistung einer jungen Schauspielerin in einem ziemlich belanglosen

Fernsehfilm. Deutete das nicht darauf hin, dass der Verfasser des Leserbriefs hochintelligent war und zugleich eine Menge Zeit hatte? Da gab es für ihn nur eine Erklärung: Der Brief musste von „seinem“ Jörg stammen!
'Jetzt schreibe ich ihm einfach!', dachte er in seinem Tatendrang. 'Wann, wenn nicht jetzt? Und es gibt so viel zu erzählen! Auch wenn es weder mit der Stelle in der Schulleitung noch mit dem Mont Blanc etwas geworden ist ...'
Walter schrieb voller Begeisterung, voller Enthusiasmus.
Aber Jörg antwortete nicht mehr.

Danksagung

Noch mehr als bei früheren Buchprojekten habe ich bei diesem Buch meinen „Testlesern“ zu verdanken, bei denen ich mich ganz herzlich bedanken möchte. Es sind dies in alphabetischer Reihenfolge Moritz Burghardt, Sven Eschlbeck, Sebastian Fießler, Jan Gengenbach, Paul Hahn, Christian Junck, Michael Rusch, Christian Schulz, Florian Stenger und Max Winkler. Ohne ihre vielfältigen Rückmeldungen und ihre konstruktive Kritik wären die Texte nicht das, was sie jetzt sind.

Usingen, Februar 2015

Bücher von Thomas Striebig

Vogesen-Durchquerung, Bergverlag Rother, € 14,90

Vor annähernd 130 Jahren wurde vom Vogesenclub (heute Club Vosgien) ein Wanderweg zur Durchquerung der Vogesen, dieses urwüchsigen Mittelgebirges in Frankreichs Osten, angelegt. Der heute als GR 53 bzw. GR 5 bezeichnete Weg führt auf malerischen Pfaden durch die elsässischen Vogesen von Wissembourg nach Masevaux bzw. nach Giromagny bei Belfort.

Der Rother Wanderführer „Vogesen-Durchquerung“ stellt diesen Weitwanderweg in insgesamt 36 Etappen inklusive einiger Varianten vor, der durch die nahezu unbekannten Nord-, Mittel- und Hochvogesen verläuft. Gemütliche Wanderungen durch ausgedehnte Wälder und verträumte Dörfer wechseln sich dabei mit rassigen, fast schon alpin-anspruchsvollen Bergtouren durch wilde, ungezähmte Landschaften auf über 1000 Meter Höhe ab. Die knapp 400 Kilometer lange Wanderroute sucht dabei nicht den direktesten, sondern stets den schönsten Weg. So führt sie vorbei an geschichtsträchtigen Orten und historischen Burgen, erinnert aber auch an manch schmerzhaftes Kapitel deutsch-französischer Geschichte. Unterwegs in den Vogesen ist die Infrastruktur für Weitwanderungen ideal: In Landgasthöfen, Gîtes d'étape oder Bauern- und Almgasthöfen übernachtet man nicht nur angenehm, sondern genießt auch die vorzügliche elsässische Küche.

Mit großer Kenntnis der landschaftlichen Eigenheiten und der geschichtlichen Hintergründe beschreibt Autor Thomas Striebig diesen Fernwanderweg durch die Vogesen. Er liefert zahlreiche nützliche Informationen zu Streckenbeschaffenheit, Übernachtungs- und Einkehrmöglichkeiten, Sehenswürdigkeiten unterwegs und zur besten Etappenaufteilung. Zuverlässige Tourenbeschreibungen, Kartenausschnitte mit eingezeichnetem Routenverlauf, aussagekräftige Höhenprofile und GPS-Tracks zum Download machen die Planung und Durchführung einfach und sicher nachvollziehbar. Die historischen Abrisse und Anekdoten in diesem Rother Wanderführer tragen dazu bei, dass die Vogesen-Durchquerung nicht nur landschaftlich, sondern auch kulturell zu einem Erlebnis wird.

Kleines Finale, Books on Demand Norderstedt, € 13,90

„Was für eine grässliche Tretmühle, was für ein erbärmliches Leben“, stöhnt Karl-Heinz Mück innerlich. Der 57-jährige Bewohner einer Kleinstadt bei Mannheim und Heidelberg führt ebenso widerwillig wie ergeben ein Bekleidungsgeschäft, „Mück Moden“, eine Gründung seines längst verstorbenen Vaters. „Sehr widerwillig“ – das trifft auf seinen gesamten Lebenswandel zu, der von A bis Z fremdbestimmt ist. Die Folgen: Frust, Unzufriedenheit, häufige Migräne. Ende absehbar.

So kommt es eines Tages zum Zusammenbruch. Mück wird ins Krankenhaus eingeliefert, berappelt sich wieder einigermaßen, entschließt sich aber, in seinem Leben einiges zu ändern. So will er dem Rat eines wanderfreudigen Assistenzarztes folgen: Rucksack packen, losziehen. Raus aus dem Gewohnten, mal was aus seiner Sicht völlig Verrücktes machen.

Genau das tut er tatsächlich, obwohl ihm verrückte Dinge ein Gräuel sind. „Keine Weltreise, kein Nachholen verpasster Chancen,keine Abenteuer, sondern: eine Rucksackwanderung durch die Nordvogesen – Wow! - und dennoch eine Selbstfindung der besonderen Art. Der Protagonist ist ein Spießer und Zauderer, aber Striebig arbeitet ihn so detailliert heraus, dass jeder den Spießer in sich selbst entdecken kann.“ (Frank Saltenberger, Taunus Zeitung)

„Aber wie Mück diese Wanderungen erlebt und meistert, wie er die Schönheiten der grandiosen Natur erfährt, aber auch die ungeahnt wachsenden Kräfte seines eigenen, so noch nie wahrgenommenen Körpers: Das ist lesenswert. Dass Wandern zugleich Sport, Erlebnis von Land und Leuten, Naturerfahrung – je einsamer unterwegs, desto besser – und gar eine Reise ins eigene Selbst sein kann – all das schildert Striebig sehr genau und emotional engagiert.“ (Horst-Walter Schwager, Usinger Anzeiger)

Ödipus der Große, Komödie nach Sophokles in sechs Szenen Books on Demand Norderstedt, € 6,90.

Die blutrünstige Sage des Königs Ödipus, der unwissentlich seinen Vater tötet und seine Mutter heiratet, als Komödie – wie geht denn das? Gut geht das!
Es fehlt in Striebigs Ödipus-Version nicht an Pointen und Situationskomik. Die Geschichte spielt in einem antiken Griechenland, das stark an unsere Gegenwart erinnert – mit Fernsehen, Handys usw. Und mehr noch erinnert der König Ödipus an unsere Zeit, zumal dann, wenn er seiner von einer Pestepidemie heimgesuchten Bevölkerung per TV Trost spenden will. Das klingt dann z. B. so:
„Also ans Werk! Das, meine lieben Zuhörerinnen und Zuhörer draußen an den Fernsehgeräten, ist das Gebot dieser ernsten Stunde. Ernst ist diese Stunde, ja, aber nicht verzweifelt. Ich bin fest davon überzeugt, dass wir

die Talsohle erreicht, ja, bereits durchschritten haben. Noch einige Tage durchhalten, nur noch einige Tage, meine lieben Freunde, dann wird, dann muss es wieder aufwärts gehen, dann muss der Aufschwung kommen, dann wird Theben wieder zu der blühenden Landschaft werden, als die wir es alle kennen und lieben."

Bekanntlich ist Ödipus selbst die Ursache aller Schwierigkeiten. Und wie der Ödipus der antiken Sage wehrt er sich mit Händen und Füßen gegen diese Einsicht, bis auch für ihn kein Zweifel mehr möglich ist. Nun müsste er eigentlich, so endet die Sage, die Konsequenzen ziehen, abdanken, sich die Augen ausstechen und als blinder Bettler den Rest seines Lebens fristen. Aber hier kommt es ganz anders ...

Eine sehr bühnenwirksame Komödie, die sich auch für Liebhaber-ensembles bestens eignet.

Echsenfels, AAVAA Verlag Hohen Neuendorf bei Berlin, € 11,95

Der junge Doktorand David Senger ist spurlos verschwunden. Der Wissenschaftler erforschte im beschaulichen elsässischen Weinstädtchen Ribeauvillé eine kürzlich aufgetauchte alte Chronik über die Entstehungsgeschichte des nahen Wallfahrtsortes Notre-Dame-de-Dusenbach, an deren Echtheit er jedoch offenbar Zweifel hegte.
Erst ein gutes halbes Jahr später engagiert Davids Vater den Privatdetektiven Ludwig Harrwitz. Dieser quartiert sich unter einem Vorwand in Ribeauvillé ein, um das Geheimnis von Davids Verschwinden zu ergründen. Eher ziellos, immer auf die Hilfe eines glücklichen Zufalls hoffend, beginnt er seine Recherchen, bei denen er schnell auf Ungereimtheiten und Lügen stößt. Gar zu viele hätten durchaus an Davids

Verschwinden oder gar Tod interessiert sein können.
Zu allem Unglück spielt auch sein Auftraggeber nicht mit offenen Karten, sondern enthält ihm wichtige Informationen vor.
Verbirgt sich hinter der malerischen Elsässer Fachwerkidylle ein Wespennest? Lebt David überhaupt noch und kann sein Verschwinden aufgeklärt werden?
Urplötzlich ergibt sich in dem Fall eine neue Wendung, die für große Spannung sorgt.
Der Elsass- und Vogesenkenner Striebig stellt das elsässische Weinstädtchen in diesem Regionalkrimi sehr liebevoll und oft augenzwinkernd ironisch, ohne sich in Details zu verlieren. Man merkt der straffen Schilderung an, dass eines der größten literarischen Vorbilder des Autors Georges Simenon ist.
Der Roman ist in mehreren Formaten erhältlich: als Taschenbuch, mit extra großer Schrift, als Minibuch sowie als E-Book.

Buch von Michael Rusch und Thomas Striebig

Luzifers Krieg, AAVAA Verlag bei Berlin, € 11,95

Nach 500 Jahren ist die Ewige Nacht endlich Vergangenheit. Die Natur grünt und blüht wieder. Bossus ist von seinen Gegnern, den Zauberern Jodaryon und Wasgo, besiegt worden, seine schwarze Seele empfängt im Fegefeuer ihre verdiente Strafe. Doch selbst in der Hölle gibt Bossus nicht auf, er wartet auf eine Möglichkeit, auf die Erde zurückzukehren und die Macht wieder an sich zu reißen. Es gelingt ihm, den Höllenfürsten Luzifer zu einem verheerenden Krieg gegen die Welt zu bewegen. Gleichzeitig droht eine zweite Gefahr: Die Vampire, eben noch im Kampf gegen Bossus zuverlässige Verbündete, terrorisieren von Transsilvanien aus die Menschen. Gefahr von allen Seiten, der Tod bedroht auch die Zauberer Jodaryon und Wasgo. Aber kampflos räumen sie das Feld nicht …

Bücher von Michael Rusch

Ein falsches Leben 1, AAVAA Verlag bei Berlin, € 11,95
Ein falsches Leben 2, AAVAA Verlag bei Berlin, € 11,95

Inhalt Band 1
Andreas will in einem Alter von 51 Jahren sein Leben ändern, er wagt einen totalen Neuanfang. Nichts soll mehr so sein, wie es einmal war. Im Chat lernt er Silvio kennen. Sie planen eine gemeinsame Zukunft, doch von Beginn an prägen Hindernisse ihre Beziehung zueinander. Andreas will Silvio persönlich kennenlernen, doch lehnt dieser ein erstes Treffen bis zum Beginn des neuen Jahres immer wieder ab. Es kommt zu einem Streit, der ihre Liebe auf eine harte Probe stellt.

Inhalt Band 2

Es ist Andreas gelungen, mit Silvio in Verbindung zu bleiben und somit ihre Liebe zu retten. Endlich hat Silvio einem Treffen mit Andreas zugestimmt. Doch Silvio sendet Andreas Nachrichten, die ihn sehr beunruhigen. Ob er Silvio jemals persönlich treffen wird? Verzweifelt kämpft Andreas um Silvios Liebe und wird dadurch an die Grenzen seiner psychischen Belastbarkeit gebracht. Schließlich erkennt Silvio Andreas' Argumente an und will ihn endlich kennenlernen. Was Andreas nun erfahren muss, ist für ihn so unvorstellbar, dass es ihn beinahe umhaut.

In beiden Bänden wird die Rahmenhandlung immer wieder durch Andreas' Erinnerungen an Erlebnisse aus seinem früheren Leben unterbrochen. In diesem Roman wird der Leser mit dem Leben konfrontiert. Alle Bereiche des Lebens werden berührt: Freude und Liebe, Trauer und Schmerz, Erotik und Hoffnung, Zweisamkeit und Einsamkeit.

Die ewige Nacht, AAVAA Verlag bei Berlin, € 11,95

Der böse Zauberer Bossus riss die Macht an sich und unterwarf die Welt. Seine Macht übte er aus dem Schrein des Bösen aus, den er in den Bergen versteckt hatte.
Durch einen Zauber verdunkelte er die Erde, die 500 Jahre währende Nacht brach an. Terror und Willkür übernahmen die Herrschaft. Viele Fabelwesen wurden von Bossus vernichtet. Doch eine Prophezeiung sagte das Ende von Bossus Herrschaft voraus. Dem jungen Wasgo ist es bestimmt, den weisen Zauberer Jodaryon, der von Bossus gefangen gehalten wird, zu befreien.
Gemeinsam nehmen sie den Kampf gegen den bösen Zauberer auf.

Die drei Freunde, Verlag Die Blindschleiche bei Hamburg, € 9,70

Frank wird von seinem Stiefvater regelmäßig geschlagen. Sein Freund Falko ist dem Psychoterror seiner Mutter ausgeliefert. Frank vertraut sich der Lehrerin Frau Pagels an. Diese sorgt dafür, dass sich das Jugendamt seiner annimmt und ihn in einer Pflegefamilie unterbringt. Nach einem Anruf seiner Mutter darf Frank zu seiner Familie zurückkehren, doch seine körperlichen Misshandlungen durch den Stiefvater gehen weiter.
Während dessen versucht Falkos Mutter ihren Sohn in den Selbstmord zu treiben. Der Vater bemerkt, als Falko ihn besucht, dass dieser unglücklich ist, kann aber von ihm die Ursache dafür nicht erfahren.

Endlich findet die langersehnte Klassenfahrt statt. Jörg, der dritte der Freunde, verunglückt und muss einen längeren Krankenhausaufenthalt auf sich nehmen.
Franks und Falkos Martyrium nimmt kein Ende und so denken sie gemeinsam über den Tod nach. Ein Wettlauf mit der Zeit beginnt. Können sie gerettet werden?

Alle o.g. Bücher sind auch als eBook zu erhalten.

39566029R00153

Made in the USA
Charleston, SC
11 March 2015